KARL-HEINZ SCHÄFER

Kleine Schriften

2020

Bibliografische Information der Deutschen Nationalbibliothek:
Die Deutsche Nationalbibliothek verzeichnet diese Publikation in der Deutschen Nationalbibliografie;
detaillierte bibliografische Daten sind im Internet über dnb.dnb.de abrufbar.

© 2020 Karl-Heinz Schäfer
Herstellung und Verlag: BoD – Books on Demand, Norderstedt
Gestaltung: Max Schäfer

ISBN: 978-3-7519-0837-5

Vorwort

In diesem Band sind kurze Texte und kleinere Veröffentlichungen zusammengestellt, die mir auch heute noch interessant und lesenswert erscheinen. Ich habe im Zusammenhang meiner Ausbildungen, meiner Berufstätigkeit und insbesondere meiner Seminarveranstaltungen immer gerne einzelne relevante Punkte und Themenbereiche schriftlich zusammenfassend dargestellt und so meine eigenen Ideen und Konzepte entwickelt, mit dem Anspruch, dass ein solcher Text fachlich fundiert (auch wenn es sich nicht um wissenschaftliche Arbeiten handelt), kurz, klar und prägnant den Inhalt vermittelt und auch sprachlich-stilistisch gut lesbar ist.

Der Überblick, der durch diese gesammelten Texte entsteht, gibt ein farbenreicheres Bild meiner Erfahrungen in drei Jahrzehnten therapeutischer Tätigkeit und meiner Beschäftigung mit den Spezialgebieten Hypnotherapie, Entspannung und Bogenschießen, als es die größeren Veröffentlichungen tun (1). Auch die persönliche Entwicklung meiner fachlichen Schwerpunkte wird deutlich. Denn die Texte konnten trotz inhaltlicher Systematik doch weitgehend chronologisch angeordnet werden. Jedem Text ist eine kurze Notiz zum Entstehungszusammenhang angefügt. Ausgeklammert blieb der Interessensbereich der Klassischen Philologie (2).

Diese Texte bedeuten mir auch persönlich etwas. Sie enthalten einige Gedanken, die mir in meinem Leben grundlegend wichtig geworden sind. Und Menschen, die mich in meiner Arbeit erlebt haben, werden mich sicherlich in manchen Worten und Formulierungen wiedererkennen. So sind diese Kleinen Schriften auch mein – bescheidenes – persönliches Vermächtnis.

1) • Entspannung erleben, Leoben 2005 (Kneipp-Verlag)
   • Entspannungstraining – ein Praxis-Handbuch (in Vorbereitung)
   • Therapeutisches Bogenschießen, 2. Auflage, München 2018
     (Reinhardt-Verlag)

2) • Chariton, Kallirhoe, übersetzt und kommentiert von Christina
     Meckelnborg und Karl-Heinz Schäfer, Darmstadt 2006 (WBG)

Inhalt

Selbsthypnose durch Zähl-Levitation

Nachschrift einer praktischen Durchführung im Einzelkontakt:

„Sie haben ja schon Erfahrung mit Entspannungsübungen und -zuständen. Ich möchte Ihnen gern dazu noch eine Kurzform beibringen, mit der Sie ganz zuverlässig und leicht einen guten Entspannungszustand finden können. Haben Sie Lust?"

„Ja"

„Gut, dann setzen Sie sich bitte bequem hin, Ihre Entspannungshaltung, ganz locker."

-

„Welche Hand ist die leichtere?"

Hand wird benannt.

„Heben Sie jetzt bitte diese Hand ein Stück hoch, ganz locker, der Arm bleibt leicht angewinkelt. Und spüren Sie, dass Sie die Hand halten, mit Ihren Muskeln, vor allem im Oberarm. Spüren Sie die Muskelanspannung?"

„Ja"

„Jetzt schließen Sie bitte die Augen und fangen Sie an, innerlich zu zählen. Zählen Sie, bis Ihre Hand von selbst so bleibt, und nennen Sie mir dann bitte diese Zahl!"

Zählt lautlos, geht in Trance, nennt die Zahl.

„Gut, bleiben Sie innerlich noch bei dieser Zahl und dem Entspannungszustand, nehmen Sie es wahr, auch Ihre Hand, noch eine Minute."

Bleibt eine Minute in Trance, reorientiert sich teilweise.

„Gratuliere, fast auf die Sekunde genau eine Minute!"

Klient schildert kurz sein Erleben.

„Gehen Sie jetzt bitte nochmals ganz hinein, zu Ihrer Zahl,
die sicherlich eine persönliche Bedeutung für Sie hat,

Spontanes Lächeln.

in den gelösten Zustand, und lassen Sie dann eine ganz feste Verbindung
entstehen zwischen dieser Zahl und dem Entspannungszustand, wie die
leichtere Hand ganz von selbst bleibt und Ihnen zeigt, dass Sie auf diese
ganz besondere Weise entspannt sind, eine ganze Minute lang."

Führt es durch.

„Und jetzt wieder zurück, zählen Sie bitte rückwärts, ruhig langsam, und
merken Sie sich, wann Sie Ihre Hand wieder halten müssen, so dass Sie
mir nachher auch diese Zahl nennen können."

Führt es durch, beginnt sich zu reorientieren, nennt die Zahl.

„Gut, damit wissen Sie nun, wo Sie den Entspannungszustand verlassen
– um bei 0 ganz wieder hier anzukommen, völlig klar und bewusst."

Beendet und reorientiert sich vollständig.

„Gut, wie war"s?"

Soweit die Darstellung dieser einfachen Trance-Induktion, mit der ich in meiner klinischen Arbeit außerordentlich gute Erfahrungen gemacht habe. Meist verwende ich sie im Einzelkontakt mit psychosomatischen Patienten, die bereits am Entspannungstraining teilgenommen haben. Diese Induktion schafft eine gute Basis für weitere therapeutische Trance-Arbeit, weil sie den Übergang in den Trance-Zustand sehr erleichtert und weil sie sich bestens zur Selbsthypnose eignet, die der Klient selbstständig durchführen und für seine Therapie nützen kann.

Die Elemente der Induktion sind sicher jedem Hypnotherapeuten bekannt:

- Armlevitation

- Zählen

- Fraktionierung (erneutes Hineingehen nach dem Nennen der Zahl)

- Körperorientierung, Augenschluss

- Implikation (leichtere Hand; zählen, bis sie bleibt)

- Erfolgssuggestion durch den Therapeuten

- Trance als Befreiung von der Mühe (Halten, Zählen)

Doch die besondere Form der bewussten Vorwegnahme der Levitationshaltung und der Verknüpfung mit einer bestimmten, individuellen Zahl dürfte den meisten neu sein.

Die Vorteile der Methode sehe ich vor allem in folgenden Punkten:

- schnelles und zuverlässiges Funktionieren
  Die Zahlen, die den Trance-Beginn signalisieren, liegen meist zwischen 3 und 20, fast nie über 31.

- einfache, klare Verankerung der Trance
Bald genügt die Zahl allein, der Zählvorgang wird überflüssig.

- durch die Zahl werden zugleich Ressourcen aktiviert

- der Trance-Zustand ist eindeutig erkennbar für den Patienten
(klar unterschiedliches Erleben von bewusst gehaltener und
levitierter Hand)

- nach kurzer, erklärender Anleitung liegt die Regie sofort beim
Klienten bzw. seinem Unbewussten.

Gerade diesen letzten Punkt erlebe ich auch als Therapeut angenehm. Indem ich die Verantwortung für das Finden des Trance-Zustands an den
Klienten mit seinen unbewussten Anteilen gebe, bin ich entlastet, kann
einfach neugierig abwarten, welche Zahl er mir nennen wird.
Gelegentlich signalisiere ich dies auch dem Klienten, indem ich etwa einen hörbaren Schluck aus der Kaffeetasse nehme. So wie jetzt.

*Dieser Text ist 1985 entstanden und sollte als Beitrag in einem Sammelband
über innovative Techniken in der Hypnotherapie erscheinen, den mein
Hypnotherapie-Ausbilder Jürgen Wippich herausgeben wollte, was dann aus
mir unbekannten Gründen doch nicht zustande kam. Seiner sei an dieser
Stelle freundlich gedacht (er ist bereits 1996 gestorben), obwohl er nie aufhören
wollte, „das Metapher" zu sagen – er hat mir viel persönliche Entwicklung und
therapeutische Freiheit ermöglicht.*

Runter vom Rauchen

*Begleittexte zu einem Sofort-Ausstiegs-Programm
in einer Tageszeitung*

Samstag: Ankündigung

Besonders interessant verspricht die Aktion „Runter vom Rauchen" zu werden, die am Dienstag beginnt.

Denn erstens handelt es sich um ein Sofort-Programm, d. h. die Teilnehmer hören von einem Tag zum andern mit dem Rauchen auf. Das ist oft wirklich der sicherste Weg heraus aus der Abhängigkeit vom Glimmstengel; wer im Alleingang erfolgreich aufhört, tut es meist auf diese Art.

Zweitens werden Sie bei Ihrem Abschied von der Zigarette und in der ersten schwierigen Phase der „Entgiftung" unterstützt von fünf Zeitungsartikeln, die der Diplom-Psychologe Karl-Heinz Schäfer speziell für dieses Programm zusammengestellt hat. Dort werden Sie eine Menge Tipps und Hinweise bekommen, die erfahrungsgemäß den Ausstieg erleichtern, z. B. auch positive Gedanken, Entspannungsmöglichkeiten, geeignete Ernährung.

Wer will, kann auch zu Gruppentreffen kommen (am Mittwoch und Freitag, auch noch in der darauffolgenden Woche) oder bei Herrn Schäfer anrufen (Tel. xx, an jedem der Aktionstage jeweils 18.30 – 19.00 Uhr), damit der Sprung in die neue Freiheit auch wirklich klappt.

Sind Sie entschlossen, dem Rauchen Ade zu sagen, und trauen Sie sich zu, das sofort zu tun?

Dann machen Sie bitte Folgendes:

- Überlegen Sie sich Ihren Entschluss noch mal in aller Ruhe – Sie haben bis Dienstag Abend Zeit.
  Was sind Ihre Beweggründe? Was erwarten Sie sich?
  Ihre Teilnahme hat nur dann einen Sinn, wenn Sie wirklich sicher sind, dass Sie aufhören wollen.

- Machen Sie sich klar, dass Sie am Dienstag Ihre letzte Zigarette rauchen werden, auch wenn der Abschied schwer fällt, und dass am Mittwoch etwas Neues beginnen wird.
Wie sieht Ihre „Vision" dieses Neuen aus?
Wie sehen Sie sich und Ihr Leben, nachdem das Rauchproblem sich aufgelöst hat, vergangen und vergessen ist?

- Lesen Sie bitte im Lauf des Dienstag den ersten Artikel der Aktion „Runter vom Rauchen".
Und machen Sie's gut!
Viel Spaß beim Aufhören!

Dienstag: Der letzte Rauch-Tag

Guten Morgen, guten Tag,

Raucher, Nichtraucher, Nicht-Noch-Nicht-Raucher, Nicht-Mehr-Noch-Raucher – gehören Sie zu denen, die entschlossen sind, heute den letzten Tag zu rauchen?
Wenn Sie wirklich fest entschlossen sind, dann machen Sie Ihre Entscheidung ruhig auch vernehmlich sichtbar und spürbar. Setzen Sie nach der letzten Zigarette einen deutlichen Punkt: Weg mit allem Rauchzeug, Fenster auf, eine Blume, einen Zweig dorthin, wo einst der Aschenbecher stand, Waschen und Baden, legen Sie frische Kleidung bereit und eine neue Platte auf usw.
Sie tun das für sich selbst (andere dürfen es natürlich auch wissen), und achten Sie darauf: Versuchen Sie ein Hintertürchen offenzuhalten, damit es leicht danebengehen kann? Schließen Sie lieber ernsthaft ab. Sie wissen, Sie dürfen meinetwegen noch ein Jahr rauchen oder noch fünf Jahre – es ist wirklich Ihre freie Entscheidung. Dann wird in Ihrem „Tagebuch einer Entwöhnung" sogar ein Rückfall etwas sein, was Ihnen helfen kann, Ihren neuen Weg umso sicherer zu finden.
Zweitens: Sind Sie innerlich und äußerlich schon gut vorbereitet auf den Beginn des neuen Tages morgen? Zum Beispiel könnten Sie heute etwas

früher als sonst zu Bett gehen, morgen früh etwas (mehr) kaltes Wasser benützen, das Frühstück mit zwei kleinen Äpfeln beginnen und ansonsten alles, was Sie zum Rauchen bringen könnte, austauschen gegen Gleichwertiges oder Besseres. Lassen Sie sich von Ihren eigenen Einfällen überraschen, je ungewöhnlicher, desto passender an diesem Tag des Neubeginns.

Alles Gute bis morgen und für den morgigen Tag!

Mittwoch: Erster Nicht-Rauch-Tag

Guten Morgen, guten Tag,

besonders natürlich denen, die heute nach langer Zeit erstmals wieder freiere Luft atmen. Was ist das für ein Gefühl, guten Gewissens tief durchatmen zu können? Gelegenheit zu haben, vor und nach der Arbeit etwas für seine Gesundheit zu tun, mehr Bewegung, ausgesuchtes Essen? Schwimmen, mit kräftigen Zügen? Sich erholen, entspannen, in frischer Luft?
An diesem ersten Tag heute kommt es vor allem auf Ihre Einstellung an, Ihre innerlich klar ausgedrückte, feste Entschiedenheit. Spüren Sie sie so deutlich wie gestern?
Empfehlen kann ich Ihnen den Satz: „Ich will heute lieber nicht rauchen." Dabei weiß ich, wie zweifelhaft solche gutgemeinten direkten Ratschläge sind. Wer hält sich schon daran, wenn sie überhaupt passen? Zig-mal habe ich selbst die Geschichte von dem Arzt erzählt, der erst – dann aber schlagartig – aufhörte zu rauchen, als seine Frau die Geduld verlor und sagte: - Das schaffst Du nie! - Natürlich sind nicht alle Ärzte, aber vielleicht bin ich wirklich blauäugig; anzunehmen, dass diese paar Zeilen Ihnen helfen könnten, einen ganzen Tag oder auch nur zwei Stunden ... Jetzt aber Schluss! Das führt zu nichts.
Ein Freund und Kollege, dem ich von dieser Aktion erzählte, wollte mit mir wetten, dass keine drei Leute allein mit Hilfe meiner Zeitungsartikel (wenn jemand zu den Treffen ginge oder anriefe, das wäre etwas anderes)

ganz frei kämen vom Rauchen. Andernfalls würde er mir hochoffiziell die Hand reichen: „Respekt, Respekt, das hätte ich Dir nicht zugetraut." Ehrlich gesagt dachte ich in dem Moment: Dass Du Dich ja nicht zu sehr verausgabst!

Alles Gute bis morgen und für den morgigen Tag!

Donnerstag: Zweiter Tag des Nicht-Rauchens

Guten Morgen, guten Tag,

den zweiten Tag schon. Wundern Sie sich, wie Sie den ersten Tag überstanden haben? Es ist immer noch Neubeginn, wissen Sie das? Wenn eine ganze Reihe altvertrauter Gewohnheiten zerfällt, dann werden neue Möglichkeiten sichtbar und greifbar, und man erlebt sie sogar, wenn man die ein, zwei Schritte tut, intensiver, gewissermaßen ungeschützt. Auch dieser Tag ist eine Gelegenheit.

Und er wird seine Herausforderungen haben. Falls der Rauch-Druck einmal immer unerträglicher wird, was hilft sofort? Sich aufrichten, drei Mal tief durchatmen, sich bewegen, Luft schöpfen, Sprudel oder Saft trinken, einen Apfel essen, sich die Ohrläppchen massieren, den Sekundenzeiger beobachten, immer in dem Bewusstsein: „Ich kann jetzt rauchen oder in zehn Minuten", und jemanden ansprechen oder anrufen, der Ihr Aufhören wirklich zu würdigen weiß.

Diese Dinge wirken vor allem deshalb, weil sie den gewohnheitsmäßigen Ablauf unterbrechen. Man gestaltet gewissermaßen seinen alten Rauchplatz völlig um und neu, es entstehen freie Räume, z. B. nach dem Essen gleich aufzustehen und Luft zu holen oder sich im richtigen Moment daran zu erinnern, wie viel Freiheit, Genussfähigkeit, Selbstachtung, Gesundheit und Leistungsfähigkeit Sie bereits angefangen haben zu gewinnen.

Wo das nicht genügt, lohnt es sich, genau zu beobachten: Wozu sollte denn die Zigarette jetzt dienen? Denn das führt zu dem Gedanken: Ich will lieber auf andere Art... Sie werden vermutlich überrascht sein, wie

viele Möglichkeiten sich da plötzlich eröffnen.
Und solange Sie die volle Verantwortung für sich selbst und Ihre Gesundheit behalten, sind Hilfsmittel erlaubt. Denn „Entzugserscheinungen" sind Zeichen der Gesundung.

Alles Gute bis morgen und für den morgigen Tag!

Freitag: Dritter Tag Nicht-Rauchen

Guten Morgen, guten Tag,

der dritte Tag, sagt man, ist der schwerste. War"s denn bisher schwerer oder leichter, als Sie sich vorgestellt hatten, sich loszulösen? Sie haben einengende Grenzpfähle niedergelegt, und so belebend es ist, sich jetzt freier bewegen zu können, zu spüren, wie das Leben auch sein kann, so wäre es doch fast ein Wunder, wenn nicht auch harte und dunkle Momente aufträten, Unruhe, Nervosität, Gereiztheit.
Es gilt, rechtzeitig Kräfte zu sammeln, andere Probleme vorübergehend beiseite zu stellen, wie Pakete, die man später auspacken kann und wird. Haben Sie schon eine Idee, was Sie innerlich stärken und aufbauen könnte, Ihnen Befriedigung geben, ruhige Sicherheit, Freude? Manchmal geht es mehr in Richtung Aktivität, Bewegung, Beschäftigung, Begegnung, manchmal mehr in Richtung Erholung, Sich-Verwöhnen(-Lassen), Entspannung. Oft fühlt man sich ja schon wohl und entspannt, wenn man nur irgendwo bequem sitzen oder liegen kann, in angenehmer Umgebung, Zeit hat zum Atmen und den eigenen Körper einmal wahrzunehmen, nicht nur Füße und Beine, sondern auch den gesamten Rücken, nicht nur Hände und Arme, sondern auch Schultern und Nacken, nicht nur das ganze Gesicht, sondern auch den Brustraum und die Tiefe des Körpers, die Mitte, wo nicht nur Ruhe und Gelöstheit auf besondere Art spürbar werden, sondern auch die inneren Kräfte, die Sie später vielleicht gut brauchen können.

Alles Gute bis morgen und für die nächsten Tage!

Guten Morgen, guten Tag,

wieder ein Tag, der Sie ein mehr oder weniger großes Stück weiterbringt, der neuen Lebensvision näher, nachdem das Rauchproblem sich aufgelöst hat, vergangen und vergessen ist. Dann werden Sie wissen, was es wirklich heißt, „Gunter vom Rauchen" zu sein. Und sobald Sie in Ihrem tiefsten Inneren erkannt haben, dass Sie die Fähigkeit entwickeln können, Zugang zu den Möglichkeiten zu finden, die schließlich zur Lösung führen, wird manches wie von selbst gehen, aufgrund Ihrer inneren traumhaften Sicherheit, und anderes, das Sie guten Gewissens genießen und verlangen können, wird kommen, entstehen, auftauchen und sich entwickeln.

Bis dahin brauchen Sie natürlich noch viel Kraft. Achten Sie deshalb bitte auf Ihre Ernährung, stärken Sie Ihre Muskeln durch maßvolle sportliche Aktivität; dann haben Sie langfristig auch nicht das leidige Problem der Gewichtszunahme, das so viele Noch-Nicht-Nicht-Raucher beschäftigt. Und erweitern Sie Ihren Bekanntenkreis um ein paar interessante Ex-Raucher, das wirkt oft Wunder.

Entspannung ist auch eine Art Kraftschöpfen, wenn Sie sich genügend Zeit lassen, nicht nur den Kontakt mit dem Boden zu spüren, sondern auch Ihre Mitte und das Strömen in die Körperteile, und füllt einen Gedanken wie „Ich schaffe es" mit der nötigen Zuversicht. Man kann sich das vorstellen wie eine altertümliche Waage mit zwei Waagschalen, und die eine Seite, belastet mit dem Rauchproblem, droht Übergewicht zu bekommen, und man konzentriert sich ganz auf die andere Waagschale, wo die inneren Kräfte sich sammeln und stärker werden, gewichtiger, und schließlich die Oberhand gewinnen und tief nach unten sinken, während die eine Waagschale aufgehoben wird, gewinnen die inneren Kräfte festen Boden und behaupten sich. Und das ist kein Traum, sondern spürbar, eine Art innerer Bekräftigung und zugleich Erleichterung.

Wie erleichtert werden Sie erst sein nach 6, 9 Monaten? Denken Sie ruhig so weit, im Sinne Ihrer „Vision" des Neuen. Sie werden überrascht sein!

Alles Gute für morgen und für die nächsten Tage und Wochen!

Diese Aktion wurde im Februar 1988 in Konstanz in Zusammenarbeit mit AOK,
Hertie und Südkurier durchgeführt.
Die Ausarbeitung der Begleittexte war für mich eine Art Fingerübung in
hypnotherapeutischer Technik. Ich habe möglichst viel an nützlichen
hypnotischen Mustern eingebaut, soweit es der geringe Textumfang zuließ, in
einer für bewusstes Lesen verdaulichen Form und unter Ausnutzung der
besonderen Möglichkeit des Mediums (z. B. „Druckfehler").
Die redaktionelle Bearbeitung beim Südkurier hat davon allerdings nicht allzu
viel übrig gelassen.

Schmerzlinderung ohne Medikamente

Obwohl der Schmerz wissenschaftlich noch längst nicht völlig geklärt ist, kann doch als gesichert gelten, dass psychische Vorgänge oder Zustände (zum Beispiel Gefühle, Denken) Einfluss auf das Schmerzgeschehen haben.

Wir erleben zwar Schmerz normalerweise als rein körperliches Geschehen und als ganz direkten Zusammenhang Reiz-Schmerz nach dem Seil-Glocke-Modell, aber das ist in seiner Naivität ebenso falsch-richtig wie das Erlebnis „die Sonne geht auf". Vorläufig bestes wissenschaftliches Modell des Schmerzgeschehens ist die Gate-Control-Theorie von Melzack/Wall, die eine oder mehrere Schaltstellen annimmt, an denen der vom Reiz ausgehende Impuls vom Gehirn her modifiziert werden kann, bevor er noch als Schmerz ins Bewusstsein tritt. Im Kern handelt es sich also um einen Rückkopplungskreislauf, an dem psychische Komponenten wesentlich beteiligt sind.

Eine einfache Veranschaulichung, die für psychologische Schmerztherapie geeignet ist, bietet das RABS-Modell:

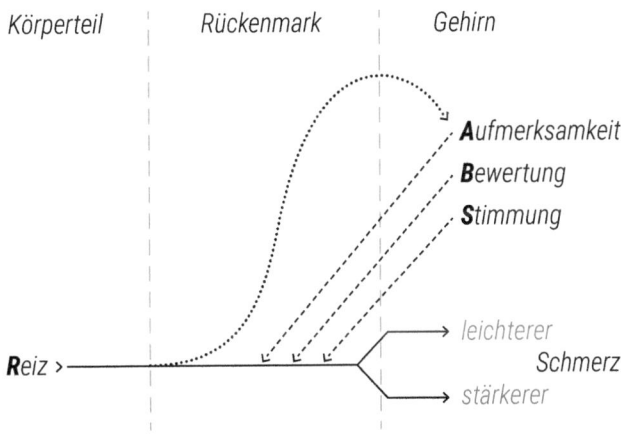

RABS-Modell des Schmerzgeschehens

Das Schmerzgeschehen beginnt mit einer Störung im Organismus, die an dieser Stelle noch neutral als Reiz (R) bezeichnet werden muss. Der Reiz löst einen Impuls aus, der sich – bildhaft gesprochen – auf den Weg zum Gehirn macht. Dieser Impuls bewegt sich auf einer vergleichsweise langsamen Bahn, so dass der Organismus die Möglichkeit hat, den Reiz dem Gehirn über eine schnelle Bahn vorauszumelden und je nachdem, wie das Gehirn diese Information verarbeitet, den Impuls noch auf seinem Weg zu verändern. Maßgebliche psychologische Faktoren bei dieser Modifikation des Impulses sind Aufmerksamkeit (A), Bewertung (B) aufgrund von Vorerfahrungen oder Befürchtungen und Stimmung (S). Nach dieser Modifikation gelangt der so veränderte Impuls auf seiner langsameren Bahn ins Gehirn und wird erst in diesem Moment als mehr oder weniger großer Schmerz erlebt.

Wesentlich zum richtigen Verständnis des Schmerzgeschehens ist es, sich dessen bewusst zu sein, dass die hier geschilderten Vorgänge der Rückkopplung und Impulsmodifikation so rasend schnell ablaufen, dass sie unterhalb der Bewusstseinsschwelle bleiben. Wir erleben Reiz und Schmerz so dicht, dass sie praktisch in eins zusammenfallen. Eine bewusste Einflussnahme auf die Modifikationsvorgänge ist im Moment des Geschehens unmöglich; sie lassen sich jedoch manchmal nachträglich analysieren.

So kann man annehmen, dass in folgenden zwei Situationen der gleiche Reiz, eine bestimmte Störung im Organismus, zu ganz unterschiedlichen Schmerzerlebnissen führt:

1) Eine Person wartet auf einen verabredeten Besuch. Alles ist längst vorbereitet, der festgelegte Zeitpunkt schon ziemlich weit überschritten. Ärgerlich über die Unpünktlichkeit sitzt die Person untätig herum. Da tritt eine Störung im Organismus, der Reiz, auf und wird unbewusst auf eine Art bewertet, die man mit den Worten „Jetzt fängt das auch noch an" wiedergeben könnte.

2) Dieselbe Person ist nach längerer Zeit endlich wieder einmal im Kino mit einer befreundeten Person. Es läuft ein interessanter Film. Die Person hat allen Grund zur Freude an diesem Abend. Da tritt die gleiche Störung im Organismus auf und wird diesmal mit einem „Das geht schon vorbei" bewertet.

Im ersten Fall sprechen alle drei psychischen Faktoren für eine Verstärkung des Impulses: Untätiges Warten (A), „Jetzt fängt das auch noch an" (B), Ärger (S). Im zweiten Fall wird der Impuls eher abgeschwächt: Interessanter Film (A), „Das geht schon vorbei" (B), Freude (S).

Personen mit chronischen Schmerzen kennen solche Zusammenhänge meist gut. Sie erleben sie allerdings einfach als unterschiedliche Häufigkeit bzw. Intensität der Beschwerden („Wenn ein interessanter Film kommt, geht"s mir gleich besser"). Es ist ihnen nicht bewusst, dass die gleiche körperliche Störung so unterschiedlich schmerzvoll erlebt werden kann.

An dieser Stelle soll auf einen unglücklichen Denkfehler hingewiesen werden, dem man oft, auch in Fachliteratur, begegnen kann. Wenn eine schmerzlindernde Maßnahme, z. B. eine Entspannungsübung, wirkt, sagt die betreffende Person etwa, sie habe zwar immer noch die gleichen Schmerzen, aber sie machten ihr jetzt nicht mehr so viel aus, sie habe sie vorübergehend einfach „vergessen", sie denke halt nicht mehr so viel daran o. Ä. Was soll das aber sein: ein Schmerz, der nicht wehtut? Das ist so, als würde bei einer Baumaschine mit starkem, lautem Motor ein Schalldämpfer eingebaut, und der Arbeiter, der sie bedient, würde sagen: „Der Lärm ist immer noch der gleiche, aber ich höre ihn nicht mehr so."

Wie hier Motor und Lärm fälschlich gleichgesetzt werden, sind es beim Schmerzerleben Reiz und Schmerz. Die körperliche Störung mag gleich geblieben sein, aber der Schmerz ist tatsächlich verschieden. Dieser Denkfehler sollte möglichst aufgeklärt werden. Die Annahme, der Schmerz sei im Grunde unverändert, wirkt nämlich als negative Selbstsuggestion, als ob man nicht wirklich etwas verändern könnte.

Dass man wirklich etwas verändern kann, auch mit psychologischen Methoden, ist hoffentlich schon klar geworden: Jeder Schmerz ist von psychischen Faktoren mitbestimmt. Die traditionelle Unterscheidung organischer vs. psychogener Schmerz orientiert sich nur am Auslöser (R), wird also der Komplexität des Phänomens Schmerz nicht gerecht und ist für die Therapie eher hinderlich. Es lohnt sich in jedem Fall, gerade auch bei Schmerzen mit eindeutiger organischer Ursache, die Wirkung psychologischer Einflussmöglichkeiten auszuloten.

Die Fähigkeit des menschlichen Organismus nur Modifikation des

Schmerzerlebens ist meines Erachtens potentiell unbegrenzt. In wissenschaftlich nachprüfbarer Weise zeigt das am besten die Hypnose. Wenn man gesehen hat, dass eine Person in Hypnose eine einfache Berührung als Verbrennung erleben kann, mit allen körperlichen Reaktionen wie der entstehenden Brandblase und eben auch dem starken Schmerz, dass andererseits eine Person in Hypnose operiert werden oder dass ihr ein Zahn gezogen werden kann, dann bekommt man eine Menge Respekt vor dem Potential unseres Organismus.

Ein weiterer, wissenschaftlich relativ gut untersuchter Bereich dieser Art ist die Placebo-Wirkung. Schmerzen sprechen bekanntlich besonders gut auf Placebos an, was zeigt, wie potent die Selbstregulierungsfähigkeit unseres Organismus in puncto Schmerz ist.

Auf eine Stärkung und Erweiterung dieser Selbstregulierungsfähigkeit zielen alle Maßnahmen einer psychologischen Schmerztherapie. Das ist ein grundlegend anderer Ansatz als die eingreifende Vorgehensweise der medizinischen Schmerzbehandlung und kann insofern eine wirklich wertvolle Ergänzung sein.

An dieser Stelle soll an eine Grenze jeglicher Schmerztherapie erinnert werden. Schmerz hat bekanntlich eine Signalfunktion, die unter Umständen lebenswichtig ist. Er signalisiert eine Störung im Organismus, und solange die zugrundeliegende Störung nicht behoben ist (was natürlich die beste „Schmerztherapie" wäre) oder womöglich noch nicht einmal erkannt wurde, bleibt der Schmerz sinnvoll. Es wäre verfehlt, ihn vollständig beseitigen zu wollen (abgesehen von kurzfristiger Beseitigung in Extremsituationen wie einer Operation). Ziel einer Schmerztherapie ist deshalb nicht mehr und nicht weniger als die Verringerung der Schmerzen (in Intensität, Dauer, Häufigkeit) auf das Maß, das zur Erfüllung der Signalfunktion unbedingt notwendig ist.

Zum Vergleich: Die Klingel des Telefons auf meinem Schreibtisch muss nicht unbedingt so laut eingestellt sein, dass ich bei jedem Läuten halb vom Stuhl falle. Es genügt, dass ich das Telefon höre. Was in dem Bild auch enthalten ist: Den Hörer muss ich natürlich schon abnehmen...

Neben diesem Ziel der Verringerung der Schmerzen gibt es noch eine besondere Domäne der psychologischen Schmerztherapie: die Schmerzbewältigung. Hier geht es darum, dem Betroffenen zu helfen, mit einem wirklich unvermeidlichen Schmerz zurechtzukommen, mit ihm zu leben, ihn anzunehmen, oder anders ausgedrückt, eine Verdoppelung des Leidens zu verhindern oder abzubauen („Die Schmerzen tun schon genug weh, ich will nicht auch noch darunter leiden, dass ich sie habe") zugunsten einer Haltung des genauen Hinhörens, um die Botschaft des Schmerzes möglichst vollständig zu erfassen und anschließend das genau Richtige tun zu können.

Da die psychologische Schmerztherapie die organismische Selbstregulierungsfähigkeit anspricht, ist es im Allgemeinen gut möglich, die dort gelernten Vorgehensweisen, Übungen und Techniken als Betroffener auch in eigener Regie anzuwenden. Diese Möglichkeit der Selbsthilfe wird meist von vornherein betont und ist ja auch einer der wesentlichen Vorzüge des psychologischen Ansatzes. Deshalb gibt es häufig Schulungsprogramme, Kurse und Gruppengespräche für Schmerzpatienten, die auf den Prinzipien psychologischer Schmerzbehandlung basieren. Auch dieser Artikel geht zurück auf Erfahrungen aus Schmerzbewältigungstrainings bzw. Schmerzlinderungskursen, die bei der Rheuma-Liga, an Volkshochschulen, als Teil des therapeutischen Programms einer psychosomatischen Klinik und in freier Praxis durchgeführt werden. Sie sollen vor allem Techniken der Schmerzlinderung vermitteln, nicht nur für Schmerzpatienten, sondern auch für Gesunde, die sich dessen bewusst sind, dass Schmerzen zur *condition humaine* gehören. Auch Betreuungspersonen, die den ihnen anvertrauten Menschen mehr als die körperliche Minimalpflege zukommen lassen können, gehören zur Zielgruppe.

Im Folgenden werden einige solcher Übungen oder Techniken der Schmerzlinderung dargestellt, um einen Eindruck der Praxis psychologischer Schmerztherapie zu vermitteln. Vorweg ist anzumerken, dass diese Übungen auf zwei Arten eingesetzt werden können:

1) im akuten Fall, um den bereits vorhandenen Schmerz zu lindern

2) prophylaktisch, durch regelmäßige Durchführung auch in schmerzfreien Phasen, um die Wahrscheinlichkeit des Auftretens bzw. die Dauer und Intensität künftiger Schmerzen zu reduzieren.

Diese zweite Einsatzmöglichkeit ist wesentlich wichtiger, aber den Betroffenen viel schwerer zu vermitteln als die erste, die den Vorteil der unmittelbaren Erfolgskontrolle hat.

Vorauszuschicken ist auch eine sogenannte Meta-Strategie, die es ermöglicht, individuell wirksame Schmerzlinderungstechniken zu entdecken: die Suche nach Ausnahmen. Zeiten, in denen der Schmerz ausgeblieben ist, enthalten immer irgendwelche Hinweise auf hilfreiche Verhaltensweisen oder Zusammenhänge, die sich dann aktiv einsetzen lassen. Es lohnt sich, die Ausnahme vom üblichen Schmerz sorgfältig und systematisch zu ermitteln, z. B. durch (Selbst-)Beobachtungsbögen, genaues Befragen, Vorher-Nachher-Schätzungen der Schmerzen in bestimmten Zeitabschnitten.

Am häufigsten finden sich dabei wirkungsvolle Ablenkungen, womit wir schon bei einer ersten psychologischen Schmerzlinderungstechnik wären. Ablenkung ist eine völlig natürliche Vorgehensweise, die zumindest bei relativ geringen Schmerzen sehr wirkungsvoll sein kann. Was wirkt, ist individuell sehr verschieden; die betreffende Person muss eben Interesse, Freude, Spaß daran haben. Grundsätzlich ist alles geeignet, was die Person zum Lachen bringt. Ich bin immer wieder erstaunt, wie viele effektive Ablenkungsmöglichkeiten den Schmerzpatienten bekannt sind, ohne dass sie sie aktiv einsetzen. Hier kann eine aufmerksame Betreuungsperson wertvolle Hilfestellung geben.

Zu erinnern ist dabei an den Unterschied zwischen äußerer und innerer Ablenkung. Die innere, rein gedankliche Ablenkung ist beispielsweise bei nächtlichen Schmerzen wichtig, um liegen bleiben zu können. Meist handelt es sich um Gedanken- oder Planspiele (z. B. Urlaubsplanung) oder einfach um angenehme Tagtraumbilder, die mit Entspannung einhergehen.

Entspannung ist eine weitere grundlegende Schmerzlinderungstechnik. Da Schmerz immer mit muskulärer Verspannung verknüpft ist und umgekehrt Verspannung den Schmerz verstärkt, entsteht leicht eine negative Schmerz-Spannungs-Spirale, die es zu durchbrechen gilt. Das kann durch eine individuell wirksame Entspannungsübung geschehen. Es gibt viele verschiedene Entspannungsübungen (manchmal nennen sie sich auch

Selbsthypnosetechniken). Am bekanntesten sind wohl das Autogene Training und die Progressive Muskelrelaxation nach Jacobson. Man kann sich aber auch über den Atem, mit einer Art „Reise durch den Körper" oder durch angenehme Vorstellungsbilder entspannen. Es ist zu empfehlen, verschiedene Entspannungsübungen auszuprobieren, die ansprechendste auszuwählen und dann regelmäßig zu üben. Die regelmäßige Anwendung senkt insgesamt das Spannungsniveau im Körper und verringert auf breiter Basis die Schmerzen.

Entspannende Atem-Übung

Nehmen Sie sich Zeit (die Übung dauert 20 bis 30 Minuten) und schaffen Sie sich eine möglichst ruhige Umgebung, mit gedämpftem Licht und ausreichender Wärme.
Treffen Sie die nötigen Vorkehrungen, damit Sie nicht gestört werden.
Nehmen Sie eine bequeme Stellung ein, im Sitzen oder im Liegen.
Schließen Sie am besten die Augen
und lassen Sie sich erst noch Zeit, in der Situation „anzukommen".

Wenden Sie sich dann Ihrem Atem zu.
Beobachten Sie das gleichmäßige Herein- und Hinausströmen.
Verändern Sie nichts.
Begleiten Sie den Atem auf seinem Weg in den Körper hinein.
Lassen Sie beim Ausatmen einfach nur los.
Genießen Sie den Moment völliger Stille nach dem Ausatmen,
vor dem Einatmen.

Stellen Sie sich nun vor, dass Sie beim Einatmen in ihre verschiedenen Körperteile hineinatmen und dadurch Muskeln und Gewebe lockern. Beginnen Sie bei den Füßen und gehen Sie dann Ihren Körper langsam Stück für Stück durch.

Stellen Sie sich jetzt vor, dass Sie durch das Atmen die Spannung aus den verschiedenen Körperteilen hinausschaffen.

Holen Sie beim Einatmen gleichsam den Atem aus dem Körperteil hoch,
nehmen Sie die Spannung dabei mit
und lassen Sie sie beim Ausatmen mit der Atemluft aus dem Körper
hinausfließen.
Beginnen Sie wieder bei den Füßen und gehen Sie Stück für Stück
weiter.

Stellen Sie sich schließlich vor, dass Sie in die verschiedenen Körperteile
hinein ausatmen,
dass beim Ausatmen die Luft ruhig in Ihren Körper hineinsinkt,
ihn belebt, kräftigt und angenehm wärmt.
Gehen Sie wieder Ihren ganzen Körper durch,
beginnend mit Füßen und Beinen.
Spüren Sie diese belebende Kraft des ruhigen Atems.

Lassen Sie sich Zeit vor der Rückkehr aus dem Entspannungszustand.
Wenn Sie so weit sind, bewegen Sie Arme und Beine,
atmen Sie tief durch
und öffnen Sie langsam die Augen,
ganz wieder hier orientiert, in diesem Raum, in dieser Umgebung.

Viele Entspannungsübungen enthalten bereits Vorstellungsbilder, die
sich leicht im Sinne einer weiteren Schmerzlinderungstechnik, der Visualisierung, ausgestalten lassen. Visualisierung ist hier zu verstehen als bildhaftes Vorstellen der Schmerzlinderung. Die meisten Schmerzpatienten
verfügen über (teilweise recht drastische) Bilder oder Vergleiche für ihre
Schmerzen; man braucht sich nur die Schmerzen ausführlich beschreiben
zu lassen. Eine Patientin beschrieb z. B. ihre Schmerzen im Unterarm so:
Es fühlt sich an, als ob viele kleine Flammen unter der Haut brennen. Da
solche Bilder selbstsuggestiv wirksam sind, also die Schmerzen verstärken,
ist es außerordentlich hilfreich, diese Bilder des Schmerzes weiterzuentwickeln zu Bildern der Linderung und diese dann selbstsuggestiv zu fördern. Im Falle der genannten Patientin sah das so aus: Sie stellte sich die
kleinen Flammen als Gasflamme vor, die sie in der Vorstellung langsam
kleiner und kleiner drehte. Nach mehrmaligem Vorstellen im Rahmen

einer Entspannungsübung blieben die Schmerzen dauerhaft reduziert. Die Technik der Visualisierung ist vor allem durch das Ehepaar Simonton bekannt geworden, die diese Vorgehensweise erfolgreich als Teil der Krebsbehandlung einsetzen. Das weist auf einen weiteren Vorzug der Methode hin, nämlich dass sie sich auch einsetzen lässt, um die Heilung der dem Schmerz zugrundeliegenden Störung zu fördern.

Entspannte Visualisierung (nach Simonton)

Nehmen Sie sich Zeit (20-30 Minuten) und schaffen Sie sich eine möglichst ruhige Umgebung.
Finden Sie eine bequeme Stellung, im Sitzen oder Liegen, und achten Sie anfangs – am besten mit geschlossenen Augen – eine Zeit lang nur auf Ihren Atem.

Entspannen Sie sich, indem Sie eine Art Reise durch den Körper machen: Gehen Sie Ihren Körper gedanklich Stück für Stück durch (z. B. von den Händen bis zum Kopf und dann hinunter bis zu den Füßen). Tun Sie dabei nichts anderes als sich jeden Körperteil deutlich vorzustellen und Körperempfindungen zu spüren. Die Entspannung kommt ganz von alleine.

Jetzt beginnt die Visualisierung.

Stellen Sie sich Ihren Schmerz bildhaft vor.
Das Bild soll Ihren Schmerz, so wie Sie ihn erleben, möglichst deutlich veranschaulichen, entweder wie eine Art medizinisches Schaubild oder mehr symbolisch in freierer Phantasiegestaltung.

Stellen Sie sich nun in diesem Bild vor,
wie der Schmerz langsam abgeschwächt, zurückgedrängt, beseitigt wird.
Beobachten Sie, wie die heilenden Kräfte sich immer mehr durchsetzen.
Unterstützen Sie Ihre heilenden Kräfte gefühlsmäßig in diesem

Kampf gegen Schmerz und Krankheit. Bleiben Sie so lange bei dieser Entwicklung Ihrer bildhaften Vorstellung,
bis eine deutliche Besserung oder sogar Heilung sichtbar vorhanden ist und Sie mit der erreichten Verringerung Ihrer Schmerzen weitgehend zufrieden sind.

Lassen Sie dann dieses abschließende Bild des guten, heilen Zustands intensiv auf sich wirken.
Genießen Sie, wie wohltuend und angenehm das ist.
Freuen Sie sich über Ihren sichtbaren Erfolg.

Schließen Sie die Übung ab,
indem Sie langsam und bewusst die Augen wieder öffnen
und sich klar in Ihrer Umgebung orientieren,
mit einem guten Gefühl.

Als letztes Beispiel für eine psychologische Schmerzlinderungstechnik möchte ich noch die Schmerzbeobachtung darstellen. Hier wird, was bei akuten starken Schmerzen ohnehin unvermeidlich ist, die volle Aufmerksamkeit auf den Schmerz gelenkt, allerdings mit der Besonderheit – die allein zur lindernden Wirkung führt – dass man nur den Aspekt der Körperempfindung betrachtet. Ort, Ausdehnung, zeitlicher Verlauf müssen genau beschrieben werden, als ob es sich um eine neutrale Körperempfindung handeln würde oder man selbst neben sich stehen könnte. In den Begriffen des RABS-Modells bedeutet das: Durch die vollständige Ausrichtung von A (Aufmerksamkeit) auf R (Reiz) – unter Ausschaltung von B (Bewertung) und S (Stimmung) – entsteht ein geschlossener Rückkopplungskreislauf, der den Schmerz quasi „abhängt", d. h. verschwinden lässt, solange man diese Art der Schmerzbeobachtung durchführt.

Die beispielhaft genannten und ähnliche Schmerzlinderungstechniken stoßen an eine Grenze, wenn der Schmerz insgesamt ein psychosomatisches Symptom ist. Er hat dann Funktion und Bedeutung für den psychischen „Haushalt" der betreffenden Person bzw. für das Familiensystem oder einen anderen sozialen Kontext und kann nicht einfach abgeschwächt oder beseitigt werden. Zum Beispiel stellte sich bei einer Rheumatikerin heraus, dass sie immer nur zum Wochenende ihre rheumatischen Beschwerden bekam, wenn ihr Mann sie bei seinen sportlichen Aktivitäten dabei haben wollte. Ihr Rheuma war ein unbewusstes Nein und notwendig, solange sie nicht bewusst Nein sagen konnte.

Eine Annäherung an diese psychosomatische Dimension des Schmerzes ermöglichen bestimmte Phantasie-Übungen wie „Der innere Ratgeber" oder „Das Gespräch mit dem Schmerz".

Gespräch mit dem Schmerz (nach Simonton)

Nehmen Sie eine bequeme Stellung ein,
möglichst locker und entspannt.
Schließen Sie am besten die Augen
und achten Sie eine Zeit lang nur auf Ihren Atem,
auf das gleichmäßige Herein- und Herausströmen der Atemluft.

Lenken Sie dann Ihre Aufmerksamkeit auf Ihren Schmerz,
nehmen Sie ihn genau wahr,
in allen Einzelheiten.

Stellen Sie sich jetzt den Schmerz als irgendein Wesen vor,
ganz spontan, intuitiv.
Geben Sie ihm in Ihrer Phantasie eine Gestalt.
Lassen Sie sich Zeit, dieses Schmerz-Wesen ganz deutlich zu sehen.

Dann beginnen Sie ein Gespräch mit diesem Schmerz-Wesen.
Fragen Sie es, zu welchem Zweck es geschickt wurde,
welche Botschaft es hat.
Hören Sie gut zu, was es antwortet.
Sprechen Sie weiter mit dem Schmerz-Wesen.
Fragen Sie es auch, was es für Sie tut,
inwiefern es Ihnen nützt.
Bemühen Sie sich, möglichst viel von dem Schmerz-Wesen zu erfahren.

Fragen Sie jetzt das Schmerz-Wesen, was Sie tun können,
damit es nicht wiederzukommen braucht.
Hören Sie aufmerksam zu, was es Ihnen zu sagen hat.
Schließen Sie dann das Gespräch ab.
Verabschieden Sie sich von dem Schmerz-Wesen.

Beenden Sie die gesamte Übung, klar und entschieden.
Öffnen Sie die Augen
und fangen Sie an, dem Rat oder Hinweis zu folgen,
den Sie von dem Schmerz-Wesen erhalten haben.

Durch eine solche Übung bekommt man Hinweise auf die „Botschaft" des
Schmerzes. Günstigenfalls führen sie zu Verhaltensänderungen, die den
Schmerz überflüssig machen bzw. ihn in seiner Signalfunktion zu einem
„Freund" werden lassen.

Die präziseste und konzeptionell überzeugendste Schmerztherapie-Tech-
nik zur Behandlung psychosomatischer Schmerzen (bzw. des psychosomatischen Anteils) ist das von Bandler und Grinder entwickelte Reframing.
Hier wird in direktem Kontakt mit dem Unbewussten (durch Körpersig-
nale) ein neuer Weg entwickelt, um die Funktion, die bisher der Schmerz
hatte, anderweitig zu gewährleisten. Ähnlich direkt ist die Arbeit von
Rossi mit ideomotorischen Signalen (unbewussten Bewegungen).
Diese Techniken sind zwar auch in Selbsthilfe einsetzbar, haben aber
meist ihren Platz erst einmal in einer fachlich geleiteten Schmerzpsycho-
therapie. Wenn ein Schmerz wesentliche Bedeutung in einem ganzen sozialen Kontext hat, z. B. in der Familie, ist eine systemische (Familien-)
Therapie angezeigt.

Zum Abschluss noch ein ganz praktischer Hinweis. Es ist immer möglich
und bei Personen, die dem traditionellen medizinischen Krankheitsmo-
dell (Passivität, Hilflosigkeit, Medikamente) stark verhaftet sind, besonders angebracht, die psychologischen Schmerzlinderungstechniken als
unterstützende und begleitende Maßnahmen mit bereits angewandten
medizinisch-physikalischen Maßnahmen zu verknüpfen, sofern dadurch

die Idee einer möglichen wirkungsvollen Eigenaktivität vermittelt werden kann.

Der Text wurde, jeweils mit marginalen redaktionellen Änderungen, erstmals veröffentlicht in Pflegen ambulant 5/1990, S.18-21, danach in Erfahrungsheilkunde 1/1992, S.14-18 und im Kneipp-Journal 11/2002.
Er diente als einführender Grundlagentext für die von Dr. Sattler und mir geleitete Ausbildung „Schmerzlinderungstrainer/-in" an der Sebastian-Kneipp-Akademie, Bad Wörishofen.

Entspannung – Fragen und Antworten

Skript für den Live-Auftritt zum Thema „Wohlfühlen mit Entspannung" in der Sendung „Kaffee oder Tee?" am 4.5.2005 in SWR III Fernsehen

Was ist Entspannung? Welche Wirkungen können durch intensive Entspannung erzielt werden?

> Gute, intensive Entspannung schafft einen Erholungszustand.
> Körperliche Anzeichen für Entspannung sind z. B. Lockerheit der Muskulatur, ein gelöster Gesichtsausdruck, ruhiger, gleichmäßiger Atem, ruhiger Puls, eher niedriger Blutdruck und eine gute Durchblutung, die sich in einem angenehmen Wärmegefühl im ganzen Körper zeigt.
> Auch seelisch kehrt Ruhe ein, es entsteht ein angenehmes Wohlgefühl und Ausgeglichenheit, die vor erneutem Stress schützt.
> Entspannung stärkt die Organfunktionen und das Immunsystem, erhöht die Vitalität und ganz allgemein die Lebenslust.

Was ist Stress? Welche Folgen kann Stress haben?

> Stress ist Belastung oder Gefährdung im Grenzbereich des Verkraftbaren.
> Somit ist Stress der Gegenspieler von Entspannung.
> Menschen, die sich wohl fühlen, schaffen es, immer wieder ein Gleichgewicht von Anspannung und Entspannung in ihrem Leben herzustellen: Phasen der Aktivität und Bewegung wechseln mit Phasen der Ruhe und Entspannung, auf seelischer, geistiger und körperlicher Ebene.
> Anspannung als Herausforderung und Reiz, an seine Grenzen zu gehen mit nachfolgender Erholungsphase, ist durchaus positiv.
> Anspannung über einen längeren Zeitraum bis an die Grenze der Belastbarkeit jedoch wird zu schädlichem Stress. Dauerstress ohne Ausgleich bedeutet eine Überlastung für den Organismus mit negativen Folgen wie erhöhte Anfälligkeit für Infekte, Erhöhung

des Blutdrucks, Herz-Kreislauf-Störungen, Verdauungsstörungen, Schlafstörungen, etc.

Allgemein lässt sich sagen, dass jede Erkrankung oder Beschwerde durch Stress verstärkt bzw. in der Heilung verzögert wird.

Was sind Stressfallen? Wie kann man Stressfallen erkennen und entschärfen?

Stressfallen sind Situationen, in denen sich Menschen Belastungen aufbürden lassen oder sich selbst auferlegen, die zur Überforderung führen.

Es ist natürlich wichtig, Stressfallen zu erkennen.

Entscheidend ist dabei, den Auslöser, die „Einladung" zur Selbstüberforderung, zu erkennen („Normalerweise hätte ich jetzt einfach wieder Ja gesagt.") und dann freundlich, aber klar und eindeutig Nein zu sagen. Hinter der Schwäche, nicht Nein sagen zu können, steckt häufig übertriebenes Pflichtgefühl und damit verbunden das Bedürfnis, wichtig und bedeutend zu sein. Die Falle liegt darin, dass es uns schmeichelt, wenn wir gebraucht werden.

Hilfreich ist dann, sich eine Denkpause zu nehmen, um sich eine drohende Überforderung drastisch vor Augen zu führen, und das „Nein-Sagen" für typische Situationen vorher mental durchzuspielen.

Wie kann man der Entspannung ohne großen Zeitaufwand einen festen Platz im Alltag geben (Entspannungsinseln/Fixpunkte)?

Eine gute „Entspannungs-Insel" ist ein kleines Ritual, das zur festen Gewohnheit geworden ist.

Günstig dafür sind Pausen und Übergänge, z. B.

- wenn die Kinder auf den Schulweg gebracht sind, bevor die andere Hausarbeit beginnt

- nach Arbeitsschluss, als Auftakt zur Freizeit.
  Die Übungssituation muss einigermaßen ruhig und sicher
  vor Störungen sein.

Zum Entspannungs-Ritual gehören:

- ein besonderer Platz (nicht der Fernsehsessel,
  nicht das Bett),

- eine bestimmte Zeit (10-20 Min.) mit innerer
  Zeitprogrammierung, evtl. ein Musikstück als Zeitgeber

- die Augen schließen (oder den Blick ruhen lassen)

- die Durchführung einer vertrauten Übung,
  die man wirklich gerne macht

- sich der Ruhe überlassen („Freundschaft mit dem
  Unbewussten")

- Genießen der erreichten Entspannung

Beenden Sie die Entspannungsübung eindeutig, durch

- eine klare innere Entscheidung (nicht nur aufgrund
  äußerer Einflüsse)

- körperliche Bewegung

- tiefes Durchatmen

- Öffnen der Augen

Hinweise zum Training der Entspannungsfähigkeit:

Wichtig ist, Entspannung nicht nur punktuell, passiv und außenbestimmt zu verstehen (etwa in dem Sinne: „sich mal verwöhnen lassen"), sondern sie sich als Fähigkeit „einzuverleiben", um aktiv, selbstständig und weitgehend unabhängig von äußeren Bedingungen zu jeder Zeit und an jedem Ort diesen wertvollen und angenehmen Entspannungszustand herstellen zu können. Diese Unabhängigkeit fördert die Entwicklung wirklicher Gelassenheit und Selbstsicherheit.

Die Fähigkeit zu entspannen kann und muss trainiert werden wie andere Fähigkeiten auch.

Echte Entspannung ist ein bewusster Zustand der Ruhe zwischen Wachen und Schlafen, eine „freundliche Begegnung von Bewusstsein und Unbewusstem".
Wenn Sie noch dabei sind, ein Entspannungsverfahren zu erlernen, ist es also ungünstig, wenn Sie beim Ausführen einer Übung müde sind. Üben Sie besser vor dem Essen als danach und als Anfänger nicht abends im Bett vor dem Einschlafen.

Welche praktischen Übungen gibt es,
um dem typischen Stress entgegenzuwirken?

Dem Stress als einer ganzheitlichen Reaktion des Organismus ist eine ebenso ganzheitliche Entspannungsreaktion entgegenzusetzen, sei es durch eine gut funktionierende, intensive Entspannungsübung oder durch ausgleichende körperliche Aktivität oder auch durch angenehme Geselligkeit, vertrautes Gespräch.

Typische Fehlstrategien, um zu Ruhe zu kommen, sind übrigens

- Erschöpfung, z. B. durch übertriebene körperliche Aktivität („auspowern")

- Betäubung, z. B. durch Alkohol oder Beruhigungsmittel

- Ablenkung mit starken Reizen, z. B. durch laute Musik oder Fernsehen

Bei Entspannungsübungen gibt es verschiedene Grundformen:

- Achtsamkeits-Übungen (meditativ im Hier und Jetzt)

- Atem-Entspannungen (Mitgehen mit dem Atemrhythmus)

- Bildvorstellungen

- Harmonisierende Bewegung (z. B. Qi Gong)

- Sinnesbezogene Wohlfühl-Entspannung (Musik/Duft/Bad/ Tee etc.)

- Autogenes Training (Selbstsuggestion)

- Progressive Relaxation nach Jacobson (Muskelsensibilisierung)

Wirkt alles bei jedem oder gibt es „individuelle" Entspannungstechniken?

Es ist sinnvoll, den für einen persönlich passenden Entspannungs-weg durch Ausprobieren herauszufinden. Dann ist die Einübungs-zeit bis zur optimalen Wirkung kürzer (2-4 Wochen). Inzwischen folgen auch viele Kurse und Bücher diesem differentiellen Ansatz. Wiederholtes konsequentes Üben ist immer zu empfehlen, es in-tensiviert die Entspannungswirkung und die Entspannung kann auch schneller und sicherer, z. B. auch in Stress-Situationen, her-gestellt werden.
Wenn Sie bereits viel Erfahrung mit verschiedenen Entspannungs-

techniken haben, können Sie sich auch individuell eine Übung zusammenstellen. Ein Modell dafür ist das Konzept einer Selbsthypnose-Übung „Seven Steps".

Welche einfachen Entspannungsübungen gibt es für Einsteiger?

Drei verschiedene kann ich spontan sehr empfehlen:

- „Gang durch den Körper" (einfaches achtsames Spüren, Finden der Mitte)

- „Loslassen mit dem Ausatmen" (intensive Atem-Entspannung)

- „Entspannungs-Bild" (Phantasie-Bild z. B. weite Landschaft)

Experte demonstriert Übung 1: „Gang durch den Körper"

Übungsbeschreibung in Stichworten:

1) so bequem wie möglich – locker – Augen schließen – noch Zeit für Umgebung/Situation – Atem.

2) Aufmerksamkeit auf den Körper – spüren – Füße, Beine, Beckenbereich, Rücken, Hände, Arme, Schultern, Kopf, Gesicht, Brustkorb – Mitte finden.

3) Innerlich beenden – bewegen – durchatmen – Augen öffnen – hier sein.

Wiederholtes Üben ist auch bei solchen einfachen Übungen sehr zu empfehlen, es macht die Entspannungswirkung noch weit intensiver, als man anfangs vermuten würde, auch schneller und sicherer, wenn sie dann in

Stress-Situationen gebraucht wird.

Übungsdemonstration: „Loslassen mit dem Ausatmen"

Übungsbeschreibung:

1) s. o. (Körperhaltung – Situation – Atem)

2) Atemrhythmus wahrnehmen – bsd. Ausatmen = Loslassen –
   bewusst Körperteile mit loslassen: Füße, Beine, Unterkörper,
   Oberkörper, Hände, Arme, Schultern, Kopf/Gesicht – immer
   zusammen mit Ausatmen – Körper wird ruhig/gelöst.

3) s. o.

Übungsdemonstration: Entspannungsbild

Beschreibung:

1) s. o. (Körperhaltung – Situation – Atem)

2) träumerisches Gefühl – in Phantasie z. B. Blick über weite
   Berglandschaft – Schauen, Ruhe, Weite – frei, über den Dingen –
   ausruhen, erholen – ganz dort sein, weit weg.

3) s. o.

Wie kann man vor dem Zubettgehen durch Entspannungsübungen
Ein- und Durchschlafstörungen verhindern?

Jede vorher gut eingeübte, wirkungsvolle Entspannungsübung
kann den Schlaf beträchtlich verbessern. Sie sollten sie bereits im
Bett liegend durchführen und in Schlaf übergehen lassen.

Gute Erfahrungen speziell bei Schlafstörungen
gibt es mit der Übung
„Dritte Ebene"
(sich in 3 Stufen tiefer sinken lassen:
Ruhe – Gelöstheit – Erholung = Schlaf)

Wie löst man Nackenverspannungen? Was tun bei müden Beinen?
Welche konkreten Entspannungstipps gibt es hier?

Unmittelbare Hilfen sind hier Dehnungs-/Lockerungs-Übungen
oder auch Kneipp-Anwendungen.

Von den klassischen Entspannungsübungen ist bei solcher Art
Störungen vor allem die Progressive Relaxation nach Jacobson
empfehlenswert. Sie bringt nicht nur punktuelle Erleichterung,
sondern eine grundlegende, längerfristige Hilfe.

Buch-Tipp: Karl-Heinz Schäfer, „Entspannung erleben – mit 24 Übungen zur inneren Ruhe
kommen", Kneipp-Verlag, Leoben-Wien 2004, ISBN 3-902191-62-7

*Dieses Skript ist eine Zusammenfassung meiner Notizen aus den telefonischen
Vorbesprechungen mit der Redakteurin.
Der 8-minütige Fernsehauftritt verlief dann ganz gut – aber völlig anders.*

46

Was Entspannung wirklich bedeutet

Gesundheitsressource Entspannungsfähigkeit – Abkehr von der Wellness-Oase

Ausreichende, wirklich erholsame Entspannung wird immer wichtiger angesichts der steigenden Belastungen und Unsicherheiten in Beruf und Beziehungen.

Die natürliche Regulierung in biologischen Rhythmen und rituell gefestigten sozialen Abläufen ist längst verloren, gesundes Nichtstun gelingt kaum noch jemandem, die Entspannung fällt einem nach dem Stress nicht mehr auf selbstverständliche Weise einfach zu.

Typische Fehlstrategien verschlimmern die Situation noch mehr: Betäubung z. B. durch Alkohol und Beruhigungsmittel, Erschöpfung z. B. durch exzessiven Sport, massive Ablenkung z. B. durch Fernsehen und Computerspiele, wenn nicht sowieso nur noch der Weg des ständigen Aufputschens gegangen wird.

Im alltäglichen Sprachgebrauch wird Entspannung meist in ganz weitem Sinn gleichgesetzt mit Freizeit, Urlaub, Erholung, Freude und Genuss. Da gibt es natürlich unbegrenzte Möglichkeiten, vom *candle-light-dinner* bis zur Karibik-Woche *all inclusive*, vorausgesetzt, man verfügt über das nötige Kleingeld, die Zeit und die möglichst jugendliche Attraktivität.

Im Gesundheitsbereich ist Entspannung seit nunmehr fast hundert Jahren vor allem verknüpft mit der Idee eines systematischen Entspannungstrainings, das einem innere Ruhe verschafft, wann immer das nötig ist, und eine gesunde Gelassenheit im gesamten Leben ermöglicht.

Als „klassische" Verfahren sind vor allem das Autogene Training von Johannes Heinrich Schultz und die Progressive Relaxation von Edmund Jacobson bekannt geworden, und verschiedene Formen der Meditation haben weite Verbreitung gefunden, auch Übungen mit dem Atem. Daneben standen natürlich immer auch die diversen Kur-Anwendungen und sportlich-gymnastischen Aktivitäten, mit Vorliebe in freier Natur.

All diese traditionellen Entspannungs-Übungen waren ganz selbstverständlich verbunden mit Vorstellungen von einer gewissen Disziplin, Ausdauer oder sogar Askese.

Darüber rollt nun schon seit Jahren eine mächtige Doppelwelle hinweg, die sich mit den Stichworten „moderne Effizienz" und „Wellness" bezeichnen lässt.

Entspannungs-Übungen werden immer kürzer und schneller, dafür in immer größerer Auswahl angeboten, abwechslungsreich, unterhaltsam und modisch. Vor allem muss es immer Spaß machen und sofort ganz toll funktionieren, mehr scheint bei den notorisch erfolgreichen jungen Menschen heute nicht drin zwischen stressigem Job und „Piste", in Konkurrenz zu Cocktail und Power-Pille.

Inzwischen ist die Suche nach Ruhe weitgehend angepasst an die moderne Gesellschaft, Entspannung ist angekommen auf der Fastfood-Ebene mit „leckeren Relax-Häppchen" und „AT für zwischendurch" und die Rezeptbücher sind derzeit auf dem Stand von „100 Tricks und Techniken" zur blitzschnellen Entspannung „in Sekunden".

Die Entspannungswelt wurde dabei immer mehr künstlich: Naturgeräusche kommen von der CD, Gerüche aus dem Aromafläschchen, Gefühle demnächst vom tragbaren Hirnstimulator.

Es gibt auch kaum noch Entspannungs-Bücher ohne beigelegte CD, so verführerisch wirkt offensichtlich diese Konsumform von Entspannung. Das Bedürfnis, zeitgemäß im Trend zu sein bzw. noch einen Zusatzgewinn einzustreichen, lässt nahe liegende Bedenken vergessen:

Die CD hält abhängig – als ob man eine solche Übung nicht selbstständig durchführen könnte – und sie hält dumm – als ob man keine Entwicklung machen könnte, der sich die Anleitung anpassen müsste.

Der erholungsbedürftige Mensch ist Gegenstand hemmungsloser Vermarktung, die Entspannung umstandslos gleichsetzt mit Luxus, Urlaub und Wellness, wo es nur noch darum geht, „sich Gutes zu tun" bzw. „sich verwöhnen zu lassen". Unerfüllbarkeit und Abhängigkeit gehören da zum Konzept.

Basiskonzept ist das Verwöhnprogramm in der Wellness-Oase nach dem Motto „Luxus – Exotik – Erotik". Dort gibt es alle halbe Jahre eine neue Mode-Massage aus den Wüsten Arizonas oder den Tempeln Hawaiis und auf alle Fälle die Erlaubnis zum passiven Versinken in Kindheitsträumen, eingehüllt in Düfte, Farben und Klänge, und die Illusion, zu den Privilegierten einer märchenhaften feudalistischen Gesellschaft zu gehören.

Die Antwort auf diese omnipräsenten Wellnessangebote, die das Problem zum Geschäft machen statt eine Lösung zu entwickeln, ist die Besinnung auf Entspannung als Fähigkeit, die sich lernen und aufbauen lässt, so wie jemand schwimmen oder eine Fremdsprache sprechen lernt. Ziel ist also, aktiv, selbstständig und auch im Alltag verlässlich eine wirklich erholsame innere Ruhe herstellen und insgesamt Gelassenheit entwickeln zu können. Dann wird Entspannung vielleicht auch wieder zu einem selbstverständlichen Teil des Lebens, wie es auch Ausdauersport, gesunde Ernährung und gute soziale Kontakte sind bzw. sein sollten.

Als Entspannungs-Inseln im Meer der Hektik sind Mini-Entspannungen der Marke „Schnell mal locker" natürlich nicht immer und von vorneherein falsch. Ob sie nun nach dem Muster „kurz abschütteln" oder „mal tief durchatmen", „lieber an was Schönes denken" oder „jetzt eine Tasse Tee" gestrickt sind, sie können schon mal kurz gut tun, sind jedenfalls besser als gar nichts, aber sie reichen meist bei weitem nicht aus – und sie halten einen im hier ganz und gar destruktiven Leistungsprinzip fest. Denn wenn es auf Dauer nicht klappt mit der flotten Turbo-Entspannung und wirkliche Ruhe so absolut „uncool" ist, dann ist oft der Weg in die Depression oder Sucht schon vorgebahnt.

Wirklich hilfreiche Entspannungsfähigkeit ist ohne Anstrengung nicht zu haben. Es braucht ein intensives Üben, damit die Entspannung dann auch in kritischen Phasen gelingt, und die Selbstständigkeit der Durchführung ist notwendig, um in der Anwendung unabhängig zu sein. So ist ein richtiger Entspannungskurs vergleichbar mit einer Fahrschule, nicht mit Taxistand oder Kutschfahrt.
Erfreulich dabei ist, dass es ganz verschiedene, Erfolg versprechende Wege zur Entspannungsfähigkeit gibt, so dass individuelle Vorlieben durchaus zur Geltung kommen können.

Um den Weg in die Entspannung zu finden, müssen grundsätzlich nur zwei Bedingungen erfüllt sein: Erstens braucht es (für 10-20 Minuten) eine einigermaßen ruhige und sichere Situation. Bei natürlich vorhandener Entspannungsfähigkeit würde das allein schon genügen. Doch in unserer gesellschaftlichen Realität geht es praktisch nicht ohne das Zweite: eine geeignete Beschäftigung der Aufmerksamkeit. Das Bewusstsein muss sich auf etwas richten, was genügend Anziehungskraft besitzt, von den Unruhequellen abzulenken, und was für diesen Menschen eine beruhigende Wirkung entfaltet.

Hier zeigt sich also die Individualität, der persönlich passende Weg zur Entspannung kann ganz verschieden sein: Mehr aktiv oder passiv, mehr nach außen orientiert oder nach innen, bevorzugt im einen oder im anderen Sinnesbereich, eher einer klar geregelten Vorgehensweise folgend oder mehr in freier Entfaltung von Wahrnehmung und Phantasie.

So sind auch ganz unterschiedliche Entspannungsverfahren sinnvoll.

Grundsätzlich müsste jedoch Entspannungsfähigkeit vom klinischen Anspruch befreit werden, von der medizinischen Vorstellung der „kleinen" Psychotherapie. Natürlich hat Entspannung auch messbare positive gesundheitliche Auswirkungen, doch sie ist, wie die überwältigende Mehrheit der Forschungsergebnisse zeigt, nicht als eigenständiges Heilmittel zu verstehen. Man tut ihr mit diesem Anspruch auch keinen Gefallen, denn das führt bei Interessenten leicht zu Enttäuschungen, denen dann das gesamte Potential von Entspannungstraining zum Opfer fällt. Und im Hintergrund macht sich auch da wieder ein Trend bemerkbar, werden doch auch spezielle Nahrungsmittel und modische Sportarten gern zu Heilmitteln stilisiert. Entspannung gehört entschieden zur Gesundheitsvorsorge, bescheiden, aber außerordentlich wirkungsvoll, wenn sie ihren eigenen Wert entfalten kann.

Entspannung sollte verstanden werden als ein erholsamer Ruhezustand des Menschen, sowohl körperlich als auch seelisch-geistig, ohne regelrecht zu schlafen. Trance wäre ein guter Begriff für diesen besonderen Bewusstseinszustand zwischen Wachen und Schlafen, doch ist Trance wesentlich ein Zustand fokussierter Aufmerksamkeit, kann also auch mit starker Aktivität verbunden sein, durchaus nicht nur mit Erholung und Ruhe.

Entspannungszustände lassen sich trotz Überschneidungen vom Schlafzustand unterscheiden und haben tatsächlich einen eigenen Wert, der sich nicht durch Schlaf ersetzen lässt. Das wache, bewusste Leben braucht in sich einen guten Rhythmus. Es ist eher umgekehrt so, dass tagsüber fehlende oder unzureichende Erholungsphasen die nächtliche Schlafqualität beeinträchtigen.

Es gibt vieles, das auch entspannend wirkt: ein freundschaftliches Gespräch bei einem guten Essen, das Singen in einem Chor, eine Stunde Zärtlichkeit. Aber wir würden das natürlich nicht „Entspannungsübung" nennen, Entspannung ist dabei ja nur ein Teil und auch nicht das zentrale Ziel. Eine Vorgehensweise, die Entspannung zum Ziel hat – so einfach definiert sich Entspannungsübung oder Entspannungstraining.

Deswegen sollte man allerdings auch etwas sorgsamer mit dem Begriff „Meditation" umgehen, der vielfach als das moderne Wort für Entspannung erscheint. Meditation ist eine religiöse Handlung, eine Übung mit spiritueller Zielsetzung, also nicht gleichzusetzen mit Entspannung. Um sich als christlich geprägter Mensch den Unterschied klar zu machen, stelle man sich nur einmal vor, an der VHS würde unter der Rubrik Gesundheit/Entspannung ein Kurs „Rosenkranz-Beten" angeboten (dessen entspannende Wirkung nachgewiesen ist!). Wenn die traditionellen Techniken der Meditation tatsächlich losgelöst vom spirituellen Hintergrund nur dem Ziel der Entspannung dienen, sollte von „meditativer Entspannung" oder „Achtsamkeits-Übungen" gesprochen werden.

Das Ziel Entspannung ist bei genauerem Hinsehen vielschichtig. Natürlich schließen sich die verschiedenen Ziel-Ebenen nicht gegenseitig aus, sondern entwickeln sich im besten Fall nach und nach mit fließenden Übergängen. Dennoch ist es sinnvoll, drei Ebenen oder Perspektiven zu unterscheiden, um die Besonderheit einer Entspannungsübung richtig einzuschätzen: Die meisten Entspannungsübungen, wie z. B. das Autogene Training, zielen hauptsächlich auf die Fähigkeit, punktuell bei Bedarf einen Entspannungszustand entstehen lassen zu können (Stressbewältigung). Die Übung steht dann quasi bereit als Werkzeug zur bewussten Herstellung der inneren Ruhe. Andere Entspannungsübungen zielen weniger auf die Bereitstellung einer unmittelbar wirkungsvollen Übung, sondern sind eher zu verstehen als Training zum Aufbau einer guten Entspannungs-Selbstregulation des Organismus (Schutz vor Stress). Dafür ist die Progressive Relaxation ein Beispiel. Manche Übungen, vor allem der meditativen Richtung, zielen von Anfang an sehr stark auf die Entwicklung einer Lebenshaltung der Gelassenheit, was mehr ist, als im Rahmen eines Entspannungstrainings normalerweise erwartet werden kann.

Ein Entspannungstraining, das sich an der wirklichen Bedeutung von Entspannung orientiert, vermittelt Entspannungsfähigkeit als bewusst einsetzbare Übung und/oder als erneuerte Selbstregulation des Organismus, und achtet dabei auf Individualität, Intensität und Autonomie. Es ermöglicht, den eigenen, selbstständigen Weg zur Entspannung zu finden. So gehört es zur Kompetenz einer Entspannungstrainers, über Wissen und Erfahrung in mehreren fundierten Entspannungsverfahren zu verfügen.

Als grundlegend lassen sich hier, durch wissenschaftliche Forschung gestützt, acht Wege unterscheiden und in ihrer Besonderheit würdigen: Achtsamkeit – Atem – Imagination – Autogenes Training nach Schultz – Selbsthypnose – Progressive Relaxation nach Jacobson – Bewegung – Natur.

In einem solchen Entspannungstraining liegt ein hohes Gesundheitspotential, weit hinaus über die Stippvisiten in der Wellness-Oase. Es stärkt dauerhaft das Immunsystem, schützt wirklich vor Krankheiten, wie sie in der leider fast ganz klinisch ausgerichteten wissenschaftlichen Entspannungsforschung im Vordergrund stehen, als ob Entspannung eine Art Medikament oder Krankengymnastik wäre.
Eine wirklich vernünftige, auf Individualität, Intensität und Autonomie angelegte Entspannung bedeutet Prophylaxe im besten Sinn, nämlich eine durchaus auch gesellschaftspolitisch relevante Basisfähigkeit zu gesunder Lebensgestaltung.

Die geschäftstüchtig propagierte Tendenz zu Passivität und Verwöhnhaltung gibt doch sehr zu denken, psychologisch als Regression in ein kindlich-märchenhaftes Lebensgefühl, rundum gewärmt, geliebt und versorgt zu sein, gesellschaftspolitisch als ein Verlust von aktiver Selbstverantwortung für die eigene Gesundheit und Rückfall in quasi feudalistische Strukturen.
Im Gegensatz dazu stärkt aufgeklärte Vermittlung von Entspannungsfähigkeit die psychische und geistige Selbstständigkeit und die Fähigkeit zum aktiven Gestalten eines sinnvollen Lebens.

Entspannung ist eine wichtige Fähigkeit. Es geht dabei um mehr und anderes, als sich in kindlicher Weise verwöhnen zu lassen, einen Ersatz für mangelnde partnerschaftliche Zärtlichkeit zu suchen oder suchtartig aus der Wirklichkeit zu flüchten, es geht um den Ruhepol wachen und bewussten Lebens, es geht darum, in einer schwierigen, belastenden Welt möglichst gesund zu bleiben und fähig zu sein, kritisch aktiv zu werden, in der wirklichen Welt.

Achtsamkeit

Achtsamkeit ist eine Grundhaltung, eine bestimmte Art, die Welt wahrzunehmen, mit den Möglichkeiten meines Bewusstseins umzugehen. Achtsam sein heißt aufmerksam wahrnehmen, was hier und jetzt konkret da ist.

Die beruhigende Wirkung liegt nun allein schon in dieser Art der Wahrnehmung, im Prinzip also unabhängig vom Gegenstand, auf den sich die Wahrnehmung richtet. Denn aufmerksam sein heißt, nicht so flüchtig, oberflächlich, sprunghaft, wie es für die Unruhe typisch ist. Und wahrnehmen bedeutet, auf jede Bewertung zu verzichten, also frei von den potentiell beunruhigenden Gedanken und Gefühlen. Und durch die Beschränkung auf das Hier und Jetzt und auf das, was konkret da ist, ist der Mensch geschützt vor den Unruheherden Vergangenheit und Zukunft und vor dem leidigen Vergleichen (woanders ist es bekanntlich immer besser) und den Schrecknissen irgendwelcher Katastrophenphantasien.

Wenn es einem gelingt, in dieser Weise achtsam zu sein (und es liegt wohl auf der Hand, dass dazu meistens viel Übung gehört), entsteht wie von selbst eine befreiende Phase der Ruhe, was sich später auch zu mehr Gelassenheit im Leben und einem offeneren Erleben der Welt entwickeln kann.

Ein Beispiel für eine Achtsamkeitsübung wäre ein meditativer „Gang durch den Körper" als reines, achtsames Durchspüren, ohne irgendwelche Suggestionen oder bildhafte Phantasievorstellungen.

Atem

Der Atem ist in besonderer Weise als Gegenstand der Aufmerksamkeit bei einer Entspannungsübung geeignet: Er ist jederzeit gut wahrnehmbar, bietet sich geradezu an, um mit der Aufmerksamkeit von der unruhigen Außenwelt nach Innen zu gehen, sein natürlicher Rhythmus ist für die meisten Menschen schon an sich beruhigend, die gleichsam symbolische Bedeutung der Loslassens beim Ausatmen und der Moment der „Leere" und Stille danach vermitteln eine besondere Ruhe für den, der achtsam dabei ist. Er zeigt auch exemplarisch, dass Loslassen und Geschehenlassen möglich und sinnvoll sind, er ermöglicht in besonders anschaulicher Weise, das Loslassen zu lernen und zu üben („Ich könnte ihn kontrollieren, aber ..."). Damit ist schon gesagt, dass eine Atem-Entspannungs-Übung den Atem geschehen lässt und darauf vertraut, dass er sich unwillkürlich reguliert, mit der Entwicklung einer Gesamtruhe auch ruhig, also langsamer, gleichmäßiger und flacher wird. Es geht nicht darum, „richtig" zu atmen. Das wäre Thema einer Atem-Therapie.

Ein Beispiel für eine zugleich sehr einfache und sehr wirkungsvolle Übung ist das „Loslassen mit dem Ausatmen", wo mit dem Ausatmen ein mentales Loslassen der Körperteile verbunden wird.

Imagination

Eine weitere ganz natürliche Möglichkeit zur Entspannung ist die Imagination. Viele Menschen haben spontan im entspannten Zustand angenehme Bilder und Vorstellungen, träumen vor sich hin, ohne richtig zu schlafen. Diese Verbindung von Entspannungszustand und Freiheit der Phantasie wird bei der Imaginativen Entspannung gezielt genutzt, indem man sich bewusst etwas Angenehmes vorstellt. Welche Bildvorstellung jedoch entspannend wirkt, ist individuell sehr verschieden, und die üblichen Klischeebilder wie „Urlaubsstrand" sind im Zeitalter von Tsunami, Klimawandel und Terrorismus auch nicht mehr so verlässlich.

Übrigens zeigt die Erfahrung, dass reine Phantasiebilder oft besser sind als konkrete Erinnerungen, bei denen leicht Aspekte auftauchen, die die

Entspannung zerstören. So gilt es, das persönlich passende Bild zu finden und durch Details nach und nach noch anschaulicher und wirkungsvoller werden zu lassen. Und das „bescheidene" Ziel Entspannung nicht aus den Augen zu verlieren: phantasieanregende Abenteuergeschichten, selbsterfahrungsorientierte Phantasiereisen und Heilungsprozesse fördernde Visualisierungen gehören nicht in ein Entspannungstraining.

Ein Beispiel für ein wertvolles Motiv einer imaginativen Entspannung wäre „Am Fluss" – aber auch das wirklich nur, wenn es persönlich passt.

Autogenes Training nach Schultz

Das Autogene Training (AT) basiert auf Erfahrungen mit entspannender Hypnose, ist eine systematische Selbsthypnose-Übung. Ein gezieltes, rasches, sicheres Herstellen einer Entspannungstrance geschieht durch Selbstsuggestion entsprechender Körperempfindungen mit „Formeln". Man sagt sich innerlich bestimmte Sätze (z. B. „Das Sonnengeflecht ist strömend warm"), bringt sie sich nahe, und der Organismus „antwortet" auf diese Selbstsuggestionen mit der Entwicklung der entsprechenden Empfindungen. Das Ganze kann man sich anschaulich als einen sechs-schrittigen Weg in die Entspannung vorstellen, für den drei Minuten ausreichen (Schultz spricht zu Recht von „Umschaltung"), der allerdings Schritt für Schritt sorgfältig eingeübt werden muss.

Die fachgerechte Durchführung von AT ist gekennzeichnet durch

- Suggestion (und zwar Selbst-Suggestion, mit festen Formel-Sätzen)

- Selbstständigkeit („autogen")

- Spüren von sechs Empfindungen (Schwere/Wärme/ruhiger Atem/ ruhiger Herzschlag/Wärme im Bauchbereich/kühle Stirn)

- Schrittweisen Aufbau (die Empfindungen werden einzeln nacheinander eingeübt)

• Schnelligkeit der Durchführung (jede Übung dauert nur 3 Minuten)

AT ist eine sehr ausgefeilte, effektive Übung, vermag in kürzester Zeit sicher und selbstständig einen sehr intensiven Entspannungszustand herbeizuführen. Umso mehr schade, wie oft diese Chance verschenkt wird: durch Kursleiter, die die Übung genauso anleiten wie etwa eine Imaginative Entspannung und dadurch Selbstständigkeit geradezu verhindern, durch Musik, die mit Selbstsuggestion nun gar nichts zu tun hat. Auf einer CD kann kein AT sein – der bekannte Begriff dient nur dem Marketing.

Selbsthypnose

Kreativere und freiere Formen von Entspannungstrance sind vor allem durch die Hypnotherapie nach Erickson und durch das Neurolinguistische Programmieren (NLP) gefördert worden. Zur Selbsthypnose, also als Selbsthilfemethode, die gut selbstständig durchführbar ist, sind besonders Übungen geeignet, die die „Gelöstheit", den inneren Abstand, der typisch ist für einen Entspannungszustand, fördern.
Eine sehr wirkungsvolle Übung dieser Art sind die „Drei Ebenen der Ruhe".

Progressive Relaxation nach Jacobson

Der Weg der PR ist ein langfristig angelegtes Training des „Muskelsinns", also eine Schulung der Sensibilität für den Zustand der Muskulatur, die ja bei Nervosität, Stress und Ängstlichkeit immer einen erhöhten Tonus hat, mit dem Ziel einer verbesserten Selbstregulation des Organismus. Die unnötigen (und subjektiv nicht wahrgenommenen) „Restspannungen" lösen sich nach und nach auf, der Mensch gewinnt seine natürliche Entspannungsfähigkeit wieder, wird gelassener. Die unmittelbare Sofortwirkung der einzelnen Übung ist bei PR sekundär.

In der praktischen Durchführung besteht die Sensibilitätsschulung aus einer einfachen Folge von vier Phasen:

1) Leichtes Anspannen des Muskels

2) Kurzes Festhalten dieser geringfügigen Spannung, um sie sensibel wahrnehmen zu können

3) Plötzliches Loslassen

4) Langes Nachspüren des Muskels, um für diesen entspannten Zustand sensibler zu werden

So einfach die Methode ist, wird sie doch vielfach missverstanden: Durch starkes Anspannen verwandelt sie sich unter der Hand in eine Art Muskelaufbautraining oder eine Lockerungsgymnastik, durch suggestive Vorgaben beim Nachspüren wird sie zu einem zweitklassigen AT, durch Begleitmusik wird vom sensiblen Spüren gedankenlos abgelenkt.

Bewegung

Die sanfte Gymnastik fernöstlicher Provenienz wie Yoga und Qi Gong ist längst an die Stelle der Leibesertüchtigung alten Stils getreten, gerade auch mit Blick auf Entspannung. In ganzheitlicher Weise wird Gesundheit gefördert durch ruhige, harmonische Bewegungen mit malerischen Namen (Wer würde sich nicht lieber „Umdrehen und dem Mond nachschauen" als „Liegestütz" machen?) und weiterführenden symbolischen Bedeutungen (Zentrieren, Öffnen etc.). Eine Serie einfacher Übungen dieser Art lässt sich durchaus auch als Entspannungstraining begreifen. Solche angenehm tänzerisch-träumerischen Bewegungs-Entspannungen sind nicht nur sehr beliebt, sondern auch tatsächlich sehr wirkungsvoll, da sie die Aufmerksamkeit optimal auf sich ziehen in wohltuender Achtsamkeit. Allerdings bleiben sie oft gebunden an das Ambiente der

Gruppen- und Kurssituation, zu Hause allein macht es längst nicht so viel Spaß und die Bewegungsübungen sind vielen dann doch zu kompliziert. Und auch sanfte Bewegungen können natürlich nicht so erholsam sein wie völlige Ruhe.

Natur

Bei der Entspannung durch die Natur geht es um ein achtsames, intensives Erleben und unmittelbare Erfahrung, etwa im Betrachten eines Baums oder in der intensiven sinnlichen Wahrnehmung eines Apfels. Die beruhigende Wirkung entsteht durch die achtsame Haltung, mehr aber noch durch die Verbindung mit natürlicher Ruhe, mit der Fülle und Weite des Lebens und mit den verlässlichen Rhythmen, in die letztlich auch wir eingebettet sind.

Der Artikel ist unter dem Titel „Echte Entspannung" im Kneipp-Journal 11/2008 erschienen, leider mit völlig deplazierten Fotos.

Der eigene Weg zur Stille

Kreative Selbstentspannung in sieben Schritten

Äußere und innere Stille

Um zu heilsamer Ruhe zu kommen, bedarf es erst einmal der äußeren Stille, der Loslösung vom Lärm der Welt. Dabei muss die ruhige Situation und Umgebung nicht vollkommen still sein, keine „Totenstille". Das würde eher beunruhigen und ängstigen. Gut sind die leiseren und vertrauten Geräusche, mit denen man sich sicher fühlen kann, im Garten etwa das Zwitschern von Vögeln und sanftes Rauschen des Windes in den Bäumen. Doch für viele Menschen reicht äußere Stille allein nicht aus, sie finden auch in wohltuender Umgebung keine innere Ruhe. Das Gedankenkarussell dreht sich weiter, manchmal in der äußerlich ruhigen Situation sogar noch schneller, Gefühle wallen weiter auf, körperliche Empfindungen steigern die Nervosität.

Wie kann innere Ruhe entstehen?

Entschlossen das Gedankenkarussell zu stoppen, sich willentlich zur Ruhe zu zwingen, kann momentan helfen, es bringt aber keine wirkliche Lösung. Es ist wie Luft-Anhalten – nach kurzer Zeit geht es nicht mehr. Beruhigungsmittel einzusetzen, ob in flüssiger oder Tablettenform, ist gefährlich; rasch wird die Hilfe selbst zum Problem. Sich stark ablenken, etwa durch Fernsehen, ersetzt nur eine Unruhe durch die andere. Man kann auch nicht erwarten, dass sich Sorgen und Probleme, die einem keine Ruhe lassen, schnell mal durch etwas Nachdenken beseitigen lassen. Da ist gegebenenfalls mehr erforderlich.

Um das Unruheproblem in einer aktuellen Situation von Nervosität und Anspannung sinnvoll zu lösen, braucht es einen „Weg in die Ruhe", den ich innerlich gehen kann und der mich verlässlich für einige Zeit im Bereich der Ruhe ankommen lässt. Ich habe dabei durchaus etwas zu tun:

meine Aufmerksamkeit auf diesen Weg zu richten und die ersten Schritte innerlich auch tatsächlich zu gehen. Ein solcher Weg, den wir gemeinhin „Entspannungsübung" nennen, wird auch in etwas schwierigeren Situationen funktionieren, wenn er mir wirklich entspricht und intensiv genug eingeübt ist, wenn ich ihn als Fähigkeit zur Verfügung habe, ähnlich wie ich schwimmen oder Fahrrad fahren kann.

Zwei grundlegende Erfahrungen aus dem Entspannungsbereich

Im weiten Bereich der Entspannungsübungen gibt es nun zwei wesentliche Erfahrungen, die man – wie ich es Ihnen in diesem Artikel nahebringen möchte – konsequent nutzen kann.

Zum Einen zeigt sich immer wieder, dass es nicht die eine ideale Entspannungsübung gibt, sondern dass die besten „Wege in die Ruhe" von Person zu Person individuell unterschiedlich sind. Es empfiehlt sich also nicht, jemanden, der da auf der Suche ist, von vornherein auf eine bestimmte Entspannungsübung festzulegen, zumindest zwei oder drei sollten ausprobiert werden können.

Zum Zweiten ist bei genauerer Betrachtung deutlich, dass es sich bei Entspannungsübungen immer um ein schrittweises Vorgehen handelt (deswegen passt die Bezeichnung „Weg" in die Ruhe gut). Auffallender Weise lässt sich der Ablauf meistens als eine Abfolge von etwa sieben Schritten darstellen (klarstes Beispiel ist das Autogene Training mit seinen sieben Formeln). So scheint der „Weg in die Ruhe" also am besten zu funktionieren: Für eine gelingende Entspannungsübung sind ein oder zwei Schritte zu wenig, zehn oder zwanzig unnötig viel.

Die Idee einer ganz persönlichen Entspannungsübung

Diese beiden Erfahrungen haben die Idee nahegelegt, den kreativen Aufbau einer ganz und gar persönlichen Entspannungsübung zu entwerfen. Denn man kann annehmen, dass eine Übung mit völlig individueller

Passform für die jeweilige Person besser als jede vorgefertigte funktionieren wird. Und sie gewährt der Person auch noch ein Höchstmaß an Selbstständigkeit, denn eine solche subjektive Übung wird natürlicher Weise auch selbstständig durchgeführt, unabhängig von äußerer Anleitung, auch ohne äußere Hilfsmittel wie begleitende Musik oder Duft. Ich hoffe, dass Sie – so angenehm es auch manchmal sein mag, sich „berieseln" zu lassen – den Wert von Selbstständigkeit und Unabhängigkeit zu schätzen wissen.

Ein Ritual der „Sieben Schritte"

Sie werden also im Folgenden Ihren eigenen Weg in die Ruhe entdecken, entwickeln und gestalten und am Ende über ein kleines persönliches Ritual in sieben Schritten verfügen, das optimal funktioniert.
Sie greifen dabei auf Ihre bisherigen Erfahrungen mit Entspannung und Ruhe zurück und ordnen und systematisieren sie in sinnvoller, kreativer Weise neu.
Machen Sie sich als Auftakt und Einstimmung zur Entwicklung Ihrer „Sieben Schritte" bewusst, wann Sie einmal fast unglaublich gut entspannt waren, durch und durch ruhig, gelöst und zufrieden: Wie hat sich das angefühlt? Was war das ganz Besondere daran, körperlich, geistig, seelisch? Und: Wie hatte es sich entwickelt? An welchem Punkt wurde es zu diesem ganz besonderen Erlebnis?
So haben Sie eine Perspektive und Orientierung: So ähnlich soll es sich wieder anfühlen, wann immer Sie es gut brauchen können, nun aber zielsicher herbeigeführt durch Ihr Ritual der „Sieben Schritte".

Die einzelnen Schritte finden

Es gilt also jetzt, kreativ die einzelnen Schritte zu finden. Der erste ist, so unterschiedlich er sein kann, für die meisten Personen eher leicht zu entdecken. Wie ist es bei Ihnen?

Stellen Sie sich vor, Sie möchten in einigermaßen ruhiger Umgebung auch innerlich zur Ruhe kommen – Womit würden Sie (ganz spontan und intuitiv) beginnen? Was wäre Ihr erster Schritt auf Ihrem Weg in die Ruhe? Hier ein paar Beispiele, um die Vielfalt der Möglichkeiten anzudeuten: Spüren der Unterlage / Ein tiefer Atemzug / Hören der Umgebungsgeräusche / Sich innerlich sagen: „Jetzt ganz ruhig".

Bitte schreiben Sie sich Ihren ersten Schritt auf einen Zettel und tun Sie das dann auch bei jedem weiteren gefundenen Schritt. Durch die Abfolge der Zettel, die vor Ihnen liegen, wird Ihr „Weg zur Ruhe" bzw. Ihre kreative Entwicklung dieses Weges ganz anschaulich, die Zettel mit ihren Stichworten sind wie Trittsteine auf einem Gartenweg. Und zugleich sind Sie mit den Zetteln flexibel, Sie können leicht einen neuen schreiben und eintauschen oder die Reihenfolge verändern – was eben nötig ist.

Um den zweiten und dann die anderen, weiteren Schritte zu finden, versetzen Sie sich bitte in der Vorstellung immer wieder in den schon erarbeiteten Verlauf und orientieren Sie sich dann an Fragen wie:
Was könnte mein nächster Schritt sein, um noch weiter zu entspannen und in die Ruhe hineinzufinden?
Was sollte ich jetzt am besten innerlich tun für noch mehr Ruhe?
Woran würde ich merken, dass ich der Ruhe wieder ein Stück näher gekommen bin?

Die Entwicklungsrichtung auf dem Weg in die Ruhe

Die letzten beiden Fragen zeigen einen wichtigen Unterschied und eine typische Entwicklungsrichtung auf dem „Weg in die Ruhe". Teilweise lassen sich die Schritte als ein absichtliches Tun beschreiben, mit dem ich innerlich aktiv zur Entwicklung der Ruhe beitrage (z. B. Schließen der Augen / Vorstellung einer Berglandschaft). Das gilt vor allem für die ersten Schritte.
Gegen Ende zu, wenn die Ruhe tiefer wird, sind die Schritte oft eher ein Wahrnehmen innerer Vorgänge, die auf dem „Weg in die Ruhe" von selbst

geschehen (z. B. Wärmegefühl in den Händen / Farberscheinung vor dem „inneren Auge"), ein inneres Beobachten.
Gehen Sie in jedem Fall ganz nach Ihrem Gefühl, entscheiden Sie intuitiv, welcher der nächste Schritt ist.

Kleine Experimente zum Finden der Schritte

Dieses Entwickeln der Schritte mit Hilfe des Aufschreibens auf die Zettel geht natürlich am leichtesten, wenn jemand über viel Entspannungserfahrung verfügt, die ihm auch gut in Erinnerung ist. Wenn einem nicht so schnell etwas spontan einfällt, empfiehlt es sich, kleine Experimente zu machen, die Hinweise geben können.
Ein solches Experiment könnte z. B. sein, eine Zeit lang den eigenen Atem in seinem Rhythmus (ohne etwas zu verändern) wahrzunehmen und dadurch zu klären:
Vertieft es die Ruhe, wenn ich meinen Atem bewusst wahrnehme, mit dem Rhythmus „mitgehe"?
Oder ist es besser, den Atem einfach strömen zu lassen und mit der Aufmerksamkeit ganz woanders zu sein?
Ein anderes Experiment wäre die bewusste Orientierung der Aufmerksamkeit auf den Körper, entweder ganz offen einfach spüren, was da gerade zu spüren ist an Körperempfindungen, oder speziell nach angenehmen Empfindungen Ausschau halten und bei denen verweilen. Oder Sie machen einen systematischen „Gang durch den Körper" oder Sie gehen mit Ihrer Aufmerksamkeit von außen nach innen und nehmen erst wahr, was Sie außen am Körper spüren, und dann, was Sie im Inneren des Körpers spüren. Durch das Ausprobieren können Sie herausfinden, ob es Ihre Ruhe fördert, mit der Aufmerksamkeit bei Ihrem Körper zu sein, oder ob es für Sie besser ist, Körperempfindungen weniger zu beachten und die Aufmerksamkeit lieber auf andere Dinge zu richten.
Als drittes Beispiel zum Experimentieren möchte ich innere Bilder nennen. Probieren Sie z. B. einmal aus, sich einfach eine Farbe vorzustellen oder ein Bildmotiv wie eine bestimmte Urlaubserinnerung oder eine phantasierte Landschaft und finden Sie heraus:

Kann eine solche Bildvorstellung einer meiner sieben Schritte sein und die Ruhe vertiefen?
Oder ist es eher anstrengend und irritierend für mich, mir etwas vorstellen zu sollen?

Die Übung durch Probeläufe optimieren

Wenn Sie dann durch spontanes Entdecken oder gezieltes Experimentieren Ihre Schritte auf dem „Weg in die Ruhe" gefunden haben, dann lassen Sie sich bitte die Zeit, die gesamte Abfolge durch mehrere Probeläufe zu testen und gegebenenfalls noch Veränderungen vorzunehmen. Es ist ganz oft sinnvoll, Ihren „Weg in die Ruhe" in dieser Weise zu optimieren. Es kann auch gut sein, dass der siebte (und manchmal auch noch der sechste) Schritt erst einmal besser noch offen bleibt; diese Schritte der tieferen Ruhe klären sich oft erst etwas später.

Ihr persönlicher „Weg in die Ruhe"

Am Ende jedenfalls, wenn Ihnen Ihr Ritual der „Sieben Schritte" vertraut geworden ist, verfügen Sie über einen einzigartigen und außerordentlich sicheren und wirkungsvollen „Weg in die Ruhe". Damit können Sie jederzeit das erreichen, was der Mensch (unter anderem) braucht, um gesund zu bleiben: die innere Stille als Quelle der Kraft.

erschienen im Kneipp-Journal 1-2/2017

Hinweise zum Einsatz von Entspannungsübungen bei Tinnitus

Tinnitus-Betroffene profitieren meist ganz außerordentlich von Entspannungsübungen, wenn es ihnen gelingt, eine erste Hürde zu überwinden: Die Ohrgeräusche werden in der Ruhe der Entspannung erst einmal stärker wahrgenommen, bevor die Übung ihre positive Wirkung entfalten kann.

Deshalb sind oft Übungen geeigneter, die nicht ganz direkt auf Stille und Ruhe zusteuern, sondern einen stärker ablenkenden Charakter haben, etwa die Aufmerksamkeit auf Naturgeräusche draußen vor dem Fenster fokussieren oder auf den Rhythmus des Atmens, auf kleine Bewegungen und Körperempfindungen (wie in der Progressiven Relaxation nach Jacobson), auf bildhafte Erinnerungen an bestärkende Erlebnisse.

Dabei kann und sollte immer auch schon die Idee des Loslassens, Sich-Lösens und Sich-Wohlfühlens mit eingeführt werden, um schließlich auch ein „Loslassen" des Tinnitus zu ermöglichen. Denn nicht durch Bekämpfen des Tinnitus, sondern durch Akzeptieren, Hinhören und Loslassen kommt es zur Entspannung.

Wie die beigefügte Übung „Wahrnehmen und Loslassen" zeigt, braucht der Tinnitus gar nicht direkt angesprochen zu werden. Wahrscheinlich wäre das sogar kontraproduktiv, trotz bester Absicht (Wenn jemand aufgefordert wird, sich kein Krokodil vorzustellen, hat er auch immer gleich eins innerlich vor Augen). Die Idee von Wahrnehmen und Loslassen wird sich schon von selbst in angemessener Weise mit dem Tinnitus verbinden und eine Linderung herbeiführen.

Wahrnehmen und Loslassen

Schaffen Sie sich eine ungestörte, angenehme Umgebung
und finden Sie eine bequeme Stellung, im Sitzen oder Liegen.

Machen Sie dann fünf bewusste Atemzüge
und erleben Sie, wie Sie bei jedem Ausatmen gelöster werden.
Spüren Sie Ihren Körper.

Lassen Sie sich Zeit, ruhig auch noch die Umgebung wahrzunehmen,
z. B. die Temperatur, die Geräusche.

Und nun beginnen Sie damit, jede einzelne Wahrnehmung, die Ihnen
bewusst wird, auch ganz bewusst wieder loszulassen,
vollständig loszulassen.
Machen Sie sich allmählich ganz vertraut mit diesem Ablauf:
wahrnehmen – loslassen,
wahrnehmen – loslassen.
Jede einzelne Wahrnehmung: bewusst aufnehmen – ganz loslassen.

Das Gleiche können Sie dann natürlich auch mit inneren
Wahrnehmungen tun,
z. B. mit Körperempfindungen und Gedanken.
Woran denke ich gerade, was spüre ich gerade?
Bewusst wahrnehmen – und dann loslassen,
immer wieder
vollständig loslassen.

Und dann lassen Sie diesen Vorgang einfach nur noch geschehen,
ganz von selbst.
Die Wahrnehmung kommt – und löst sich wieder.
Alles was ins Bewusstsein kommt, geht auch wieder,
löst sich ganz von selbst,
traumhaft leicht und sicher.
Es wird immer ruhiger innerlich,
ganz gelöst und ruhig.

Verweilen Sie ruhig noch eine Zeit lang in diesem gelösten Zustand,

bis Sie dann merken, dass es so weit gut ist.
Beenden Sie dann die Entspannung ganz klar und entschieden,
nehmen Sie sich selbst und die Umgebung wieder neu wahr.

Bewegen Sie sich, kräftig strecken und räkeln,
mal tief durchatmen,
die Augen öffnen
und sich aus der Entspannungshaltung lösen.

Wenn ein Entspannungsverfahren dann sicher durchführbar ist und angenehm erlebt wird, kann durch regelmäßiges, intensives Üben ein wünschenswerter Effekt in mehrerlei Hinsicht erreicht werden:

• Verringerung von Stärke, Tonhöhe und Dauer der Ohrgeräusche

• Verminderung der muskulären Begleitspannung und nervösen Gereiztheit

• Bessere Bewältigung der seelischen Belastung durch den Tinnitus

• Verringerung des Alltagsstresses (der sonst den Tinnitus verstärkt)

• Selbstwertsteigerung durch erhöhte Selbstkontrolle („Ich kann etwas tun, kann mir selbst ein Stück helfen.")

Das sind substantielle Verbesserungen der Lebensqualität von Tinnitus-Betroffenen. Sie entstehen jedoch nur dann, wenn über einen längeren Zeitraum regelmäßig (am besten täglich) und zuverlässig eine wirklich heilsame Tiefe und Intensität der Entspannung erreicht wird, wie es anschaulich die beigefügte Übung „Die dritte Ebene" zeigt.

Die dritte Ebene

Nehmen Sie sich ausreichend Zeit und Raum,
finden Sie eine bequeme, lockere Körperhaltung (möglichst im Liegen),
mit frei fließendem Atem,
und stellen Sie sich gedanklich ein auf eine gute, tiefe Entspannung,
eine geradezu heilsame Ruhe
im ganzen Körper.

Lassen Sie die erste Ruhe, die sich jetzt entwickelt hat,
ruhig noch eine Zeit lang begleitet von den Geräuschen der Umgebung,
ganz gleichmäßig werden in allen Körperteilen:
Füße und Beine genauso ruhig wie Hände und Arme,
Schultern, Nacken, Kopf und Gesicht genauso ruhig wie Brust und Bauch,
der ganze Körper auf einer Ebene der Ruhe.

Und wenn Sie dann diese Ruhe so gleichmäßig spüren,
dann können Sie sich mit dem nächsten Ausatmen eine ganze Stufe
tiefer sinken lassen,
auf eine tiefere Ebene der Ruhe, der Gelöstheit.
Lassen Sie sich Zeit, die veränderten Empfindungen zu spüren
auf dieser zweiten, tieferen Ebene,
durch und durch ruhig,
wohlig gelöst,
und mit dem ganzen Körper auf dieser tieferen Ebene anzukommen,
mit allen Körperteilen, von Kopf bis Fuß,
durch und durch gelöst.

Wenn Sie dann diese Gelöstheit gleichmäßig im ganzen Körper spüren,
dann können Sie sich mit dem nächsten Ausatmen noch tiefer
sinken lassen,
auf eine dritte, tiefste Ebene der Ruhe,
vollkommen gelöst und ruhig,
tief, tief angenehm, wohltuend
für den ganzen Körper,
für Seele und Geist,

unendlich ruhig, vollkommen gelöst.

Auf dieser dritten, tiefsten Ebene
ist die Ruhe so tief und vollkommen,
dass sie auch lindern und lösen kann,
dass sie sogar Heilung ermöglicht.
Da mögen Dinge wieder in Ordnung kommen,
in aller Ruhe,
ganz von selbst.
Eine heilsame, lindernde Tiefe der Ruhe,
wunderbar, intensiv.

Und wenn dann das Heilsame geschehen ist,
dann erinnern Sie sich wieder der zweiten Ebene,
spüren Sie von neuem diese wohlige Gelöstheit,
durch und durch ruhig.

Und kehren Sie auch wieder zurück zur ersten Ebene der Ruhe,
zu diesem guten Gefühl in den verschiedenen Körperteilen,
im Kontakt mit der Unterlage, dem Boden.

Nehmen Sie dann auch die Geräusche der Umgebung wieder neu wahr
und orientieren Sie sich schließlich ganz zurück hierher,
in diesen Raum, hier und jetzt.

Die Ruhephase ist jetzt klar zu Ende.

Bewegen Sie sich, strecken und räkeln Sie sich wie beim Aufwachen,
atmen Sie durch,
öffnen Sie die Augen,
richten Sie sich auf,
kraftvoll, frisch und schön lebendig.

Eine erneuerte, gute Entspannungsfähigkeit schafft auch die geeignete
Grundlage für weiterführende Übungen, die einer konstruktiven Aus-

einandersetzung mit dem Tinnitus als einer psychosomatischen Störung dienen.

Dies geschieht etwa in der Form einer Visualisierung, die mit Hilfe von Phantasie und Vorstellungskraft die Besserung bildhaft anschaulich durchführt, z. B. indem der Tinnitus mit einer bestimmten Farbe gleichgesetzt wird, die sich dann wandelt.

Eine andere, oft erstaunlich aufschlussreiche Vorgehensweise ist die Phantasie-Vorstellung einer Art Gespräch mit dem Tinnitus (oder mit dem Körper, dem Unbewussten, z. B. veranschaulicht in der Gestalt eines „Inneren Heilers" – siehe die anschließende Übung). In vielen Tinnitus-Therapien werden, der gleichen Idee folgend, Briefe an den Tinnitus geschrieben.

Der innere Heiler

Richten Sie sich die äußere Situation so ein,
dass Sie eine halbe Stunde ungestört bleiben.
Nehmen Sie eine bequeme, lockere Körperhaltung ein
(am besten im Liegen),
mit frei fließendem Atem,
und spüren Sie die verschiedenen Teile Ihres Körpers,
ganz allmählich
völlig gelöst.

Eine Art träumerischer Stimmung darf dann entstehen,
die es Ihrer Phantasie erlaubt,
ins Freie zu wandern, in die Natur,
in einen sonnendurchfluteten lichten Wald.

Durch diesen Wald
fließt auch ein kleiner, leise plätschernder Bach,
mitten im Farbenspiel dieses aromatisch duftenden Waldes,
lebendiges, kühles, kristallklares Wasser.

Und indem Sie ihm ein Stück aufwärts, gegen die Strömung, folgen,
kommen Sie bald an die Quelle,
an den Ursprung,
an einen gleichsam verzauberten Ort,
voller wohltönender Ruhe,
Duft und Farben in vollendeter Harmonie,
diese Quelle dort auf dieser Lichtung,

auf der auch eine einfache Hütte steht,

und in ihr wohnt, als hätten Sie es schon immer gewusst,
Ihr innerer Heiler,

völlig im Einklang mit der Natur.

Er verkörpert alles, was Sie wissen,
ohne zu wissen, dass Sie es wissen.
Er ist ganz für Sie da.

Und er tritt vor die Tür seiner Hütte,
wenn Sie es nur möchten.

Dies ist Ihr innerer Heiler.
Er ist für Sie da.

Er weiß bereits, was Sie sagen
und welche Fragen Sie stellen möchten.

Und er würdigt jede Frage einer Antwort,
auf seine Art,
ganz knapp oder in weichem Fluss der Rede,
immer ruhig, freundlich und klar,
wie die Quelle, wie ein Sonnenstrahl,
wie eine Blume, ein Baum,
ein Tier des Waldes.

Sie erfahren alles, was Sie brauchen,
um so gesund zu werden wie nur irgend möglich.
Nach und nach erfahren Sie alles,
und Freude breitet sich aus in Ihrem Leben,
Freude und Glück,

nachdem das Gespräch mit Ihrem inneren Heiler beendet ist
und Sie sich verabschiedet haben
in dem Wissen, sich jederzeit wieder begegnen zu können
dort vor der Hütte auf dieser zauberischen Lichtung
bei der Quelle,

deren lebendiges Wasser den klaren Bach speist,
dort im lichtdurchfluteten Wald

im Reich Ihrer Phantasie,
in der Welt Ihrer Träume,
wirklicher Träume von traumhafter Wirklichkeit,

aus der Sie jetzt sanft und durchtränkt von wertvollem Wissen
zurückkehren ins Hier und Jetzt,
hierher in diesen Raum, in diese Zeit,
mit dem ganzen Reichtum Ihrer Persönlichkeit,
wahrlich genug für ein glückliches Leben.

Spüren Sie Ihre Kraft und Lebendigkeit,
indem Sie sich bewegen, wie nach dem Aufwachen,
auch einmal tief durchatmen
und die Augen öffnen,
offen für die Welt.

veröffentlicht im Kneipp-Journal 9/2005 und nochmals 4/2010

Entspannungstraining –
ein Weg zu besserem Schlaf

Wenn jemand Probleme mit dem Schlafen hat und möglichst keine Medikamente nehmen will, empfiehlt sich selbstverständlich ein Entspannungstraining.
Doch damit das Entspannungstraining tatsächlich helfen und gut wirken kann, möchte ich gern einige klärende Gedanken vorausschicken.

Ein Entspannungstraining produziert kein „Schlafmittel", keinen Trick, den Körper quasi zu überlisten und den Schlaf herbeizuzaubern. Es baut die grundlegende, natürliche Fähigkeit (wieder) auf, einen guten körperlichen und seelischen Entspannungszustand zu entwickeln.

Ist ein solcher Entspannungszustand da (und stimmen sonst alle äußeren Bedingungen), dann findet die Person leicht in den Schlaf, den sie braucht.

Es geht also um die Herstellung dieses notwendigen entspannten Zustands auch unter den schwierigen Bedingungen des Nicht-Schlafen-Könnens, wo meist sorgenvoll grüblerische Gedanken oder Ärger und Angst, wieder nicht einschlafen zu können, immer mehr die Ruhe rauben.

Das stellt eine hohe Anforderung an die Entspannungsfähigkeit einer Person. So genügt es also normalerweise nicht, einfach einmal irgendeine Entspannungsübung auszuprobieren, wenn man nicht schlafen kann. So ein einmaliger kurzer Versuch wird eher mit einer Enttäuschung enden.
Es braucht schon ein richtiges Entspannungstraining mit einem Verfahren, das Ihnen persönlich liegt, es braucht ein systematisches Lernen, am besten in einem Kurs, und regelmäßiges Üben, einige Wochen lang. Dann funktioniert es, dann ist die Fähigkeit da, rasch und sicher den Entspannungszustand zu erreichen, der intensiv genug ist, um bei Bedarf auch in den ersehnten Schlaf überzugehen.

Da nach der bisherigen Forschung kein Entspannungsverfahren den anderen hinsichtlich Schlafhilfe methodisch überlegen ist, können Sie frei wählen: eins der beiden „klassischen" Verfahren Autogenes Training und Progressive Relaxation oder eine meditative Entspannungsform oder eine Übung, die den Atemrhythmus, Bilder und Phantasien, Musik o. Ä. zu Hilfe nimmt.

Der Aufbau der Entspannungsfähigkeit durch konsequentes Lernen und Üben geschieht natürlich am besten erst einmal unabhängig vom Schlafproblem, also nicht im Bett zur Schlafenszeit, sondern tagsüber unter geeigneten Bedingungen. Erst wenn eine gute Entspannungsfähigkeit da ist, wird sie zum Einschlafen eingesetzt.

An dieser Stelle muss auch ein warnender Hinweis gegeben werden: Bei bestimmten krankheitswertigen Schlafstörungen wie Schlaf-Apnoe und Restless Legs sind Entspannungsübungen unangebracht, da die Störungen gerade im vertieften Ruhezustand auftreten. Hier ist eine Absprache mit dem Arzt unbedingt erforderlich.

Wenn wie meist der Einsatz der Entspannungsübung erwünscht und vielversprechend ist, sollte sie zu einer Art Einschlaf-Ritual dazugehören, das schon vor dem Hinlegen beginnt und den Übergang vom Tag zum Traum, vom Wachen zum Schlafen klar, ruhig und verlässlich gestaltet.

Auch in der Übung selbst sind bestimmte Elemente für das Einschlafen besonders wichtig und nützlich, etwa das Prinzip der „Achtsamkeit", d. h. gelassen wahrzunehmen, was hier und jetzt vorhanden ist, und das „Loslassen" im Sinne eines vertrauensvollen Geschehenlassens. Denn bekanntlich ist der Versuch, den Schlaf herbeizwingen zu wollen, alles andere als hilfreich.
Sinnvoll ist auch die Förderung einer träumerischen Stimmung, die dann (ohne eigentliche Beendigung der Übung) fließend in den Schlaf übergehen kann.
Ein Beispiel für eine so gestaltete Entspannung ist die beigefügte Übung „Ruhe-Bild".

Ruhe-Bild (als Einschlaf-Hilfe)

Lassen Sie sich ausreichend Zeit, eine bequeme Lage zu finden,
in der Sie auch einschlafen könnten,
und sich gedanklich einzustimmen auf eine wohltuende, erholsame,
träumerische Ruhe.

Spüren Sie die körperlichen Empfindungen und Vorgänge,
die diese Ruhe-Lage begleiten und vertiefen,
zum Beispiel die Temperatur im Raum,
das Aufruhen auf der Unterlage, das Atmen,
ganz beim Körper, ganz bei sich.

Lassen Sie sich Zeit.

Wenn dann so eine Art träumerischer Stimmung entstanden ist,
dann lassen Sie innerlich ein Bild entstehen, ein Bild der Ruhe,
ganz intuitiv,
ein Anblick, dessen Vorstellung Ihnen ein gutes,
angenehmes Gefühl vermittelt,
wohlig angenehm.
Lassen Sie das Bild allmählich noch deutlicher werden,
lassen Sie sich Zeit für Einzelheiten, z. B. Formen und Farben,
in diesem Bild der Ruhe.

Manchmal ist es auch gut, nicht nur zu sehen, innerlich,
dieses Bild der Ruhe,
sondern gewissermaßen hineinzufinden
und auch zu hören, was dort zu hören ist,
zu riechen, vielleicht sogar zu schmecken
und intensiv zu spüren,
d. h. mit allen Sinnen wahrzunehmen,
ganz dort zu sein,
es vollständig zu erleben – diese vollendete Ruhe.

Lassen Sie es tief auf sich wirken,
werden Sie gewissermaßen eins mit dieser Ruhe dort,
werden Sie gleichsam die Ruhe selbst
und spüren Sie, wie gut das tut,
dieses Einssein auch mit sich selbst.
Wie ein schöner Traum und ein guter, tiefer Schlaf
geschieht alles ganz von selbst,
in aller Ruhe,
in tiefem Schlaf...

Der Wert der Entspannungsfähigkeit, die durch ein richtiges Entspannungstraining erworben wird, beschränkt sich jedoch nicht nur aufs Einschlafen, sondern ist viel grundlegender für einen guten Schlaf. Denn der Weg zum besseren Schlaf beginnt am Tag. Schlafstörungen hängen fast immer mit einem zu hohen Erregungsniveau zusammen, mit zu großer Anspannung während des ganzen Tages.

So kann eine regelmäßig und gezielt eingesetzte Entspannung auch dazu beitragen, Stress abzubauen, wieder ausreichende Erholung im Tageslauf zu finden, in einem gesunden biologischen Rhythmus von Anstrengung und Ruhe zu leben, und damit überhaupt erst die Grundlage für einen guten Schlaf schaffen.

Und da kann der Blick ruhig auch noch weiter gehen: So gesehen ist Entspannungstraining nicht nur ein möglicher Weg zu besserem Schlaf, sondern ein Weg zu einem gesünderen Leben.

veröffentlicht im Kneipp-Journal 10/2006

Entspannungstraining bei Bluthochdruck

Es ist immer wieder erstaunlich, in welchem Maße der Blutdruck unsere seelische Verfassung widerspiegelt, wie er etwa bei aktuellen Konflikten und Problemen rapide ansteigt oder bei Dauerbelastungen und anhaltenden Spannungen, ob nun im beruflichen oder privaten Bereich, auf hohem Niveau bleibt und dadurch zu einem ernsthaften Risikofaktor wird. Die meisten Menschen spüren dies allerdings im eigenen Körperempfinden nicht so richtig deutlich, es zeigt sich erst bei systematischer Beobachtung und Langzeitmessung mit einem „unbestechlichen" Gerät. Nicht selten erleben wir bei Langzeitmessungen in der Klinik, dass jemand völlig überrascht entdeckt, dass er in bestimmten Situationen, in denen er sich subjektiv ruhig und gelassen fühlte, einen deutlich erhöhten Blutdruck hatte. So können uns unsere Gefühle durchaus auch täuschen, wenn wir im Lauf unseres Lebens eher gelernt haben, sie zu ignorieren, zu verleugnen oder nicht mehr wahrzunehmen.

Um einen Bluthochdruck, der mit bestimmten Belastungssituationen verknüpft oder anhaltend vorhanden ist, dauerhaft auf ein gesundes Niveau zu bringen, sind nach der eventuell nötigen medikamentösen Akutbehandlung und neben der Veränderung der Ernährung und des Genussmittelkonsums sowie der sportlichen Aktivitäten die Vorgehensweisen im psychischen Bereich sehr wichtig. Es gibt sogar Ärzte, die die seelische Beeinflussung an die erste Stelle der nicht-medikamentösen Behandlungen setzen.

In vielen Fällen geht es dabei um ein Erkennen von Problemen, Schwierigkeiten und Spannungen und um eine Lösung im Sinne eines besseren Stress- und Ärger-Managements. Hier sind neue konstruktive Gedanken und Einstellungen zu entwickeln und neues, besseres Verhalten einzuüben.

Entspannungsübungen können ein wesentlicher Teil eines solchen Stressmanagements sein und helfen, die Ursachen des labilen Bluthochdrucks zu beseitigen. Bei anhaltend erhöhtem Blutdruck liegt der Einsatz eines Entspannungstrainings sogar noch näher, da es ja darum geht, den gesamten Spannungspegel des Organismus zu verringern.

Der Wert von Entspannungsübungen zur Senkung eines erhöhten Blutdrucks ist seit langem bestens nachgewiesen.

Ein Überblick über die wissenschaftlichen Studien in diesem Bereich zeigt, dass bei jedem dritten Teilnehmer eines Entspannungstrainings mit einer relevanten und vor allem dauerhaften Besserung des Bluthochdrucks gerechnet werden kann in der Größenordnung von 9/6 mmHg. In Einzelfällen wurden noch sehr viel größere Besserungsraten verzeichnet.

Damit ist vor allem bei leichten Formen der Hypertonie (diastolisch 90-100 mmHg) ein Entspannungstraining das Mittel der Wahl.

Bei schwereren Formen der Hypertonie kann Entspannung immerhin die notwendige Medikation in ihrer Wirkung ergänzen oder eine Dosis-Reduzierung ermöglichen – ganz ersetzen kann sie die Medikamente jedoch nicht. Bislang gibt es bei schwerer Hypertonie auch sonst keine vollwertige Alternative zu wirksamen Medikamenten.

Interessanterweise hat sich in der Wirkung auf den Blutdruck kein wesentlicher Unterschied zwischen den verschiedenen Entspannungsverfahren finden lassen. Es gibt also kein bei Bluthochdruck speziell geeignetes Entspannungstraining, sondern entscheidend ist das zuverlässige Erreichen eines regelrechten Entspannungszustands, auf welchem Weg auch immer.

Im Grunde ist das nicht gar so verwunderlich, da ja längst bekannt war, dass in jedem entspannten Zustand typischerweise der Blutdruck absinkt, was gelegentlich in Entspannungskursen bei Personen mit niedrigem Blutdruck zu Irritationen führt (Schwindelgefühle, Übelkeit).

Als Empfehlung lässt sich aus den Studien auch noch ableiten, dass Entspannungsverfahren möglichst in Verbindung mit einem Stressbewältigungstraining eingesetzt werden sollten. Solche kombinierten Vorgehensweisen sind meist wirkungsvoller als ein Entspannungstraining isoliert für sich allein, da sie das Problem von mehreren Seiten gleichzeitig angehen und so den verschiedenen Einflussfaktoren eher gerecht werden.

Wer mit Entspannung etwas gegen seinen Bluthochdruck erreichen möchte, braucht einige Geduld und Ausdauer: Erst durch längeres, regelmäßiges Üben und konsequentes Einsetzen der Übung im Alltag über mehrere

Monate hinweg ist ein durchgreifender Erfolg zu erwarten.
So sind in Entspannungskursen mit Hochdruckpatienten Abbrecherquoten von 30% keine Seltenheit.
Das ist jedoch ein Problem jeglicher Bluthochdrucktherapie. Die Betroffenen haben nur einen geringen Leidensdruck, da die Symptomatik meist kaum spürbar ist, somit auch jede Behandlung keine unmittelbar spürbare Erleichterung bringen kann. Unter diesen Umständen fällt es natürlich vielen schwer, sich an die therapeutischen Notwendigkeiten zu halten („geringe Compliance").

In Entspannungstrainings sollte deshalb großer Wert darauf gelegt werden, dass der Zusammenhang von Entspannung und Blutdruckproblematik klar verständlich wird, dass die einzelne Übung im Kurs den Teilnehmerinnen/Teilnehmern möglichst unmittelbar ein angenehmes Gefühl vermittelt, dass die Entspannungs-Übung zu Hause eine selbstverständliche tägliche Gewohnheit wird und das häusliche Üben und Eintragen in Protokollbögen und jeder Fortschritt im Entspannungsempfinden im Kurs anerkannt und gewürdigt werden. Es gilt, die Motivation lange genug aufrechtzuerhalten, damit die blutdrucksenkende Wirkung sich entfalten kann.

Das Autogene Training (AT) nach Schultz hat hier den Vorteil, dass die Wärme-Übung und die Herz-Übung den Blutkreislauf direkt ansprechen, also ein möglicher Einfluss auf den Blutdruck sehr nahe liegend und leicht verständlich ist. Bei Bluthochdruckproblemen können statt oder ergänzend zu der Standard-Herz-Formel „Das Herz schlägt ruhig und regelmäßig" auch präziser zugeschnittene Formeln wie „Mein Blut strömt leicht und frei" (Claus Derra) eingesetzt werden.

Ausgehend vom AT, wo in neueren Darstellungen (z. B. Delia Grasberger) auch schon die Formel „Mir ist warm ums Herz" empfohlen wird, sind zur Beeinflussung des Bluthochdrucks intensivere fremd-suggestive Entspannungsanleitungen entwickelt worden, wie die sogenannte Herz-Kohärenz-Übung (David Servan-Schreiber), mit bildhaften Vorstellungen zum Blutkreislauf.
Ein Beispiel dafür ist die beigefügte „Übung der Herzenswärme".

Übung der Herzenswärme

Finden Sie eine angenehme Körperhaltung,
möglichst locker und entspannt,
und spüren Sie dabei den Kontakt zur Unterlage, die Sie zuverlässig trägt.
Lassen Sie sich auch noch etwas Zeit, die Umgebung wahrzunehmen,
Töne und Geräusche zum Beispiel, die Temperatur,
ganz vertraut zu werden mit dieser Situation hier und jetzt,
in der Sie zur Ruhe kommen möchten.
Viel Zeit, auch Ihren Atem zu spüren
und möglichst frei strömen zu lassen,
in seinem ganz natürlichen Rhythmus,
tief in den Körper hinein,

dort, wo auch das Herz ist,
mag sein, es wird dann warm ums Herz,
eine wunderbar angenehme, tiefe Wärme
umhüllt das Herz,

warm und weich strömt das Blut
durch die Adern
des ganzen Körpers,
ruhig und regelmäßig,
leicht und frei,

wohltuend die Wirkung des Sauerstoffs
im ruhigen Fließen
von der Wärme des Herzens,
und befreiend das Wegschaffen des Belastenden
im stetigen Kreislauf des Blutes
in der Wärme des Herzens,
in Verbindung mit Lunge und Atem,
ein gleichmäßig freies Fließen,
ruhig, locker und leicht.

Und die Wärme ums Herz
wie bei tiefer Freude,
wie in Liebe und Dankbarkeit.
Ganz in dieses Gefühl eintauchen,
ein warmes Strömen,
ein wundervolles Gefühl,

intensiv spüren,
tief wirken lassen,

im Rhythmus des Atmens.

Lassen Sie sich noch etwa fünf bis sechs Atemzüge Zeit
für dieses freie Strömen
und die Wärme Ihres Herzens.
Und wenn Sie dann merken, dass es so weit gut ist,
dann beenden Sie innerlich diese Übung, sicher und klar,
bewegen Sie sich, atmen Sie kräftig durch und öffnen Sie die Augen.

Bei der Progressiven Relaxation nach Jacobson, in der ja der Entspannung eine kurze, leichte Anspannung der Muskeln vorausgeht, ist besonders darauf zu achten, dass Personen mit Bluthochdruck in den Anspannungsphasen nicht in eine Pressatmung verfallen oder gar die Luft anhalten, was den Blutdruck in die Höhe schießen ließe. Machen Sie die Anspannung wirklich minimal („gerade eben gut spürbar") und halten Sie sie kurz (2-5 Sekunden), während Sie ruhig weiter in Ihrem natürlichen Rhythmus atmen, wie es ja sowieso die fachgerechte Vorgehensweise ist.

Aus den verschiedenen anderen Entspannungsformen möchte ich beim Thema Bluthochdruck noch die Imaginativen Entspannungen herausheben. Da hier bildhafte Vorstellungen eingesetzt werden, um einen Entspannungszustand hervorzurufen, bieten sich natürlich zahlreiche Möglichkeiten, die Blutdruckproblematik gezielt mit anzusprechen.
Das kann gut auch „nebenbei", in versteckter (symbolischer oder metaphorischer) Form geschehen, die den Träumen und dem Unbewussten

näher ist als dem bewussten Denken. Körperliche Heilungsprozesse sind so wahrscheinlich sogar am besten zu fördern.

Dafür ist ein Beispiel aus meiner klinischen Praxis die Übung „Am Fluß".

Am Fluss

Lassen Sie sich Zeit, eine angenehm gelöste Körperhaltung zu finden,
richtig locker lassen, gut im Kontakt mit der Unterlage, dem Boden,
und so, dass der Atem frei strömen kann,
seinen natürlichen Rhythmus finden kann,
ganz von selbst,
gut spürbar,
dieses ruhige, gleichmäßige Strömen des Atems,
immer noch begleitet von den Geräuschen der Umgebung,
allmählich in einer angenehm träumerischen Stimmung,
ruhig und gelöst,
gleichsam weit weg

im Bereich der Phantasie,
vielleicht, wenn Sie das mögen, am Ufer eines Flusses
an einem schönen, sonnigen Tag,
sich dort ruhig niederlassen,
übers Wasser schauen,
träumerisch,
in dieser Fluss-Landschaft sein –
die Farben,
die Töne und Geräusche dort,
die Gerüche,
die Wärme der Sonne,
die Weite des Himmels,
die Erde, der Fluss –
ganz dort sein,

dem Fließen zuschauen,
die kleinen, immerwährenden Geräusche hören,
vielleicht glitzert Sonnenlicht auf dem Wasser,
darunter das ruhig kraftvolle, gleichmäßige Strömen,
die Fülle des Wassers in der Tiefe und Breite des Flussbetts,

das Wasser, das schon einen weiten Weg hinter sich hat,
seit es aus der Quelle geströmt,
durch verschiedene Landschaften,

und das natürlich immer noch weiter fließt,
immer noch stärker und ruhiger wird,
ein machtvoller Strom,
irgendwann mündend ins Meer,
eins wird mit der endlosen Weite des Ozeans

und im unendlichen Kreislauf der Natur
auch wieder zur Quelle,
und so ist der Fluss immer da,
vollständig, kraftvoll und ruhig,
und Sie können ihm zuschauen,
dort am Ufer, angenehm ruhend,
bis Sie merken, dass es soweit gut ist.

Dann beenden Sie innerlich diese Phantasie-Übung, klar und entschieden,
lassen Sie die Bilder sich lösen,
und orientieren Sie Ihre Aufmerksamkeit wieder ganz hierher
in diese Umgebung, hier und jetzt.
Bewegen Sie sich, kräftig dehnen und strecken,
atmen Sie einmal durch oder gähnen Sie herzhaft,
öffnen Sie die Augen,
erholt, wach und klar!

Welche Entspannungsform auch immer Sie wählen, es lohnt sich, intensiv und ausdauernd zu üben: Es wird Ihnen nicht nur helfen, einen erhöhten Blutdruck zu senken, es wird in jeder Hinsicht eine angenehme und wertvolle Erfahrung sein für Ihr ganzes Leben.

veröffentlicht im Kneipp-Journal 6/2005

Loslassen – leichter gesagt als getan

In den Umbrüchen des Lebens, wenn eine neue Phase beginnt und das Bisherige endet, bedeutet die notwendige Veränderung oft ein zähes inneres Ringen und ein lang dauerndes Wechselbad der Gefühle. Das Neue ist nicht nur erfreulich und erleichternd, sondern auch verunsichernd und gewöhnungsbedürftig, das Vergangene nicht nur ungut belastend, sondern auch liebgeworden und vertraut.

In diesem schmerzlichen Loslösungsprozess – ein gesunder Schmerz, wie beim Heilen einer Wunde, wie bei einer Geburt – taucht natürlich immer wieder auch der Gedanke auf, es wäre schön, wenn alles so bliebe wie bisher oder wieder so wäre wie früher. Doch meist ist das ganz unrealistisch und ruft die ungebetenen Ratgeber auf den Plan, die wohlmeinend mahnen: „Du musst loslassen!"

Sie haben zwar recht, aber sie haben auch leicht reden. Sie stecken nicht in der langwierigen inneren Auseinandersetzung, die es zu durchleben gilt, bevor die vollständige Entscheidung fallen kann und die äußeren Veränderungen sich vollziehen oder akzeptieren lassen. Geduld war noch nie die Stärke der schlauen Besserwisser.

Bestimmte Entspannungsübungen können den Lösungsprozess, den inneren Abschied, dagegen auf sanfte Art nachhaltig unterstützen. Sie bereiten gleichsam den Boden dafür, indem das Loslassen erst einmal im Zusammenhang mit Entspannung als sinnvoll und wohltuend erlebt wird. Dann kann es, vertraut geworden, auch in anderen Lebensbereichen besser zur Geltung kommen.

Entspannung hat ja immer etwas mit Loslassen zu tun, sie lässt sich nicht „machen". Die „Macher" landen meist schnell bei Erschöpfung (ausgepowert im Sport), Betäubung (reichlich Alkohol) oder aufreizender Ablenkung (stundenlanges Fernsehen), meilenweit entfernt von gesunder Ruhe und Gelöstheit.

Um das richtige Loslassen zu üben, ist in erster Linie an die Progressive Relaxation nach Jacobson zu denken. Sie vermittelt ganz direkt und intensiv das Loslassen als den Wesenskern von Entspannung. Anleitungen dazu sind schon mehrfach in dieser Zeitschrift erschienen bzw. über den

Kneipp-Verlag leicht zugänglich.

Sehr wirkungsvoll zeigt sich auch die Entspannung über den Atemvorgang. Denn zum Atem selbst, der ja Leben ist, gehört im Ausatmen bereits ein Loslassen. Ein gut bewährtes Beispiel ist die beigefügte Übung Loslassen mit dem Ausatmen.

Eine mehr indirekte, symbolische Vorgehensweise, das Loslassen zu fördern, liegt in der Bilderwelt von Wasser und Fließen, im Bezug zum Fluss des Lebens und zu den Rhythmen und Kreisläufen der Natur. Zu diesem Bereich gehört die Übung Am Fluss.

Das dritte beigefügte Beispiel mit dem Titel Die Kugel ist schon eine kleine Visualisierungsübung zum Thema Loslassen. Sie verbindet das entspannende Bild einer sanft davon schwebenden Kugel mit dem zur Loslösung notwendigen inneren Entscheidungsprozess: Was als überflüssig gewordene Illusion erkannt ist, darf mit schweben, immer weiter weg.

Entspannung hat natürlich noch viele andere gute Wirkungen – Sie werden es spüren, wenn Sie eine solche Übung öfter durchführen.

Loslassen mit dem Ausatmen

Finden Sie eine angenehme, möglichst lockere Körperhaltung.
Lassen Sie sich Zeit dabei,
ruhig noch etwas korrigieren, noch lockerer liegen (oder sitzen),
auch den Atem ganz frei fließen lassen,
ganz von selbst,
möglichst ruhig und gelöst.

Orientieren Sie sich dann mit Ihrer Aufmerksamkeit
ganz auf das Ausatmen,
ohne etwas zu verändern – nur spüren.
Spüren Sie dieses Loslassen, das da geschieht,
bei jedem Ausatmen,
immer wieder,

und lassen Sie dann nach und nach den ganzen Körper teilnehmen
an diesem Loslassen.
Bei jedem Ausatmen ein Stück Ihres Körpers bewusst mit lockerlassen:
Die Füße – mit lockerlassen,
die Beine – ganz lockerlassen, zusammen mit dem Ausatmen,
Unterkörper, Beckenbereich –
Oberkörper, Brust und Rücken –
die Hände – lockerlassen, loslassen,
die Arme – vollständig loslassen, bei jedem Ausatmen,
Schultern und Nacken – lockerlassen,
den Kopf, das Gesicht
ganz locker lassen,
immer mit dem Ausatmen,
den ganzen Körper.

Geschehen lassen, dass alle Teile des Körpers immer gelöster werden,
mit jedem Ausatmen, ganz von selbst,
völlig ruhig und gelöst,
im Rhythmus des Atmens,
eine angenehme, erholsame Ruhe.

Wenn Sie sich dann tief und angenehm erholt haben,
orientieren Sie bitte Ihre Aufmerksamkeit auf das Einatmen
und beenden Sie diese Übung,
indem Sie zehnmal bewusst einatmen,
dann sich bewegen,
einmal kraftvoll durchatmen
und die Augen öffnen.

Am Fluss

Lassen Sie sich Zeit, eine angenehm gelöste Körperhaltung zu finden,
richtig locker lassen, gut im Kontakt mit der Unterlage, dem Boden,
und so, dass der Atem frei strömen kann,

seinen natürlichen Rhythmus finden kann,
ganz von selbst, gut spürbar,
dieses ruhige, gleichmäßige Strömen des Atems,
immer noch begleitet von den Geräuschen der Umgebung,
allmählich in einer angenehm träumerischen Stimmung,
ruhig und gelöst,
gleichsam weit weg

im Bereich der Phantasie,
vielleicht – wenn Sie das mögen – am Ufer eines Flusses
an einem schönen, sonnigen Tag,
sich dort ruhig niederlassen, übers Wasser schauen, träumerisch,
in dieser Fluss-Landschaft sein – die Farben, die Töne und Geräusche
dort,
die Gerüche, die Wärme der Sonne, die Weite des Himmels, die Erde,
der Fluss –
ganz dort sein,

dem Fließen zuschauen, die kleinen, immerwährenden Geräusche hören,
vielleicht glitzert Sonnenlicht auf dem Wasser,
darunter das ruhig kraftvolle, gleichmäßige Strömen,
die Fülle des Wassers in der Tiefe und Breite des Flussbetts,

das Wasser, das schon einen weiten Weg hinter sich hat,
seit es aus der Quelle geströmt, durch verschiedene Landschaften,

und das natürlich immer noch weiter fließt,
immer noch stärker und ruhiger wird,
ein machtvoller Strom, irgendwann mündend ins Meer,
eins wird mit der endlosen Weite des Ozeans
und im unendlichen Kreislauf der Natur
zu Wolken wird und Regen und auch wieder zur Quelle,
und so ist der Fluss immer da, vollständig, kraftvoll und ruhig,
und Sie können ihm zuschauen, dort am Ufer, angenehm ruhend,
bis Sie merken, dass es soweit gut ist.

Dann beenden Sie innerlich diese Phantasie-Übung,
klar und entschieden,
lassen Sie die Bilder sich lösen,
und orientieren Sie Ihre Aufmerksamkeit wieder ganz hierher
in diese Umgebung, hier und jetzt.
Bewegen Sie sich, kräftig dehnen und strecken,
atmen Sie einmal durch oder gähnen Sie herzhaft,
öffnen Sie die Augen, erholt, wach und klar.

Die Kugel

Lassen Sie sich Zeit,
eine bequeme Haltung zu finden,
so locker und gelöst wie möglich,
und in Ihrem eigenen Rhythmus zu atmen,
ganz entspannt.

Achten Sie ruhig noch auf Ihre Gedanken,
nehmen Sie wahr, was Ihnen so durch den Kopf geht, was Sie beschäftigt,
während Sie vielleicht mit Hilfe der Geräusche, Töne oder Musik,
die Sie hören
oder sich vorstellen zu hören,
in eine Art Tagtraum hinübergleiten.

Dabei entsteht vor dem inneren Auge das Bild einer schwebenden Kugel,
leicht farblich getönt, so wie es Ihnen gerade entspricht.
Lassen Sie sich bitte Zeit,
dieses Vorstellungsbild der Kugel
in all seinen Einzelheiten wahrzunehmen.

Jetzt können Sie in diese Kugel eine Illusion, von der Sie sich aus gutem
Grund schon lange verabschieden wollten, hüllen und bergen.

Und dann lassen Sie die Kugel los,
lassen Sie sie allmählich davon schweben,
ganz leicht und sanft und ruhig.
Die Kugel entfernt sich immer mehr,
immer weiter, ferner,
immer höher hinauf in ganz andere Regionen,
fliegt davon,
wird kleiner und kleiner,
bis sie nur noch ein Punkt ist in der Weite des Himmels
und schließlich ganz entschwindet.

Erleben Sie jetzt alles,
was nach dem Verschwinden der Kugel
an Gefühlen, Empfindungen, Gedanken, Bildern auftaucht
und Ihr Inneres bereichert.

Kehren Sie mit leichtem, klarem Kopf,
erholt und ausgeruht,
aus dem Tagtraum in den Wachzustand zurück,
nicht zu schnell.

erschienen im Kneipp-Journal 11/2007

Rettet Jacobson!

Rezension: Derra, Claus, Progressive Relaxation, Köln 2007,
Deutscher Ärzte-Verlag

Der durch seine Veröffentlichungen zum Autogenen Training (AT) bekannt gewordene „Entspannungs-Papst" Claus Derra hat ein Buch über Progressive Relaxation (PR) geschrieben und Jacobson gründlich missverstanden.

Bemüht um eine neue wissenschaftliche Grundlegung der PR fährt er große Kaliber etwa der neueren neurobiologischen Forschung und der älteren Bindungstheorie auf und weist überzeugend und detailliert nach, dass eine PR-Übung in der Art Jacobsons kaum eine unmittelbare Entspannungswirkung hat und mit ihrem typischen Wechsel von Loslassen und Anspannen auch (richtig!) kaum haben kann (nur seltsam, dass die Langzeitwirkungen so gut sind), dass also – kurz und polemisch gesagt – die Progressive Relaxation ein ziemlich schlechtes Autogenes Training bzw. eine armselige Hypnoseinduktion ist, weshalb man es am besten mit suggestiven Elementen bis zur Unkenntlichkeit aufpeppt und auf das AT-Maß von drei Minuten amputiert.

Nun ist aber Jacobsons PR eine Entspannungsübung ganz anderer Art als etwa AT und Entspannungshypnose. PR soll gar nicht unmittelbar, jetzt sofort einen Entspannungszustand induzieren, den Organismus auf Entspannung „umschalten". Eine leichte, unmittelbare Entspannungswirkung geschieht allenfalls als Nebeneffekt durch die Fokussierung der Aufmerksamkeit und das wiederholte Loslassen – Ziel und Aufgabe der PR ist eine intensive, bewusste, wache Sensibilitätsschulung, ein Entwickeln des „Muskelsinns" (muscle sense), d. h. der Fähigkeit, den Zustand der Muskulatur differenziert wahrzunehmen. Langfristig führt diese verbesserte Sensibilität zu einer besseren automatischen Selbstregulation des Organismus (habitual relaxation) mit Abbau der „Restspannung" (residual tension), des mit jeder Nervosität verbundenen, unnötig erhöhten Muskeltonus, den wir gar nicht mehr gespürt haben, weil wir ihn so gewohnt waren.

Mit der Methode der PR, dem Kontrasterleben und wiederholten Wechsel von leichter Anspannung zu immer vollständigerem Loslassen, hat

Jacobson in genialer Einfachheit den Entspannungsvorgang auf den Punkt gebracht: Entspannung ist letztlich kein Tun, sie wird nicht „gemacht", sondern sie ist ein Loslassen, Nicht-Tun. So lernt der Organismus durch das Üben der PR wieder, von selbst in ausreichendem Maß und zur richtigen Zeit loszulassen und Entspannung zu finden. Und so macht sich PR perspektivisch selbst überflüssig. Das ist etwas völlig anderes, als eine Übung zu lernen, die ich immer dann punktuell einsetze, wenn ich einen kurzen Entspannungszustand herstellen möchte.

Die zentralen Äußerungen von Jacobson, die diese Andersartigkeit der PR aufzeigen, etwa dass die Anspannungsphase keineswegs eine unmittelbare Entspannung fördern soll oder dass Suggestionen durchaus nicht hilfreich sind zur Sensibilitätsschulung, werden von Derra völlig korrekt referiert – unfassbar dieses Brett vor dem Kopf, als müsste trotzdem die Progressive Relaxation unbedingt auch auf unmittelbare Herstellung eines Entspannungszustands angelegt sein.

Nun, Jacobsons PR hat schon viele verfehlte Weiterentwicklungen halbwegs heil überstanden, sie wird hoffentlich auch nach dieser massiv fachlich-autoritativ verpackten Verzerrung zu einem zweitklassigen AT weiterhin ihren besonderen eigenen Charakter erweisen.

Literaturhinweis:

Schäfer, K.-H., Entspannungstraining nach Jacobson – Das Übungsheft zur Progressiven Relaxation, Leoben 2005 (Kneipp-Verlag)

Diese Rezension sollte, vom Redakteur zustimmend in Empfang genommen, im Journal der Milton-Erickson-Gesellschaft erscheinen, was dann aber nicht geschehen ist.
Der Text steht hier als ein Beispiel meiner polemischen Ader.

Progressive Relaxation für Kinder

Die Progressive Relaxation (PR) nach Edmund Jacobson ist ein Entspannungstraining mit besonderen Qualitäten, die natürlich auch in Kursen mit Kindern verwirklicht werden sollten.

Ziel ist eine Verbesserung der Körperwahrnehmung, eine Sensibilisierung des „Muskelsinns", wie Jacobson formuliert. Sie ermöglicht, Spannungen vollständiger loszulassen und wieder zu erleben, dass Entspannung sich von selbst entwickelt, gerade wenn ich bewusst nichts mehr dafür tue, weder äußerlich noch innerlich. Unbeeinflusst von Suggestionen (also ganz anders als im Autogenen Training) und mit ruhiger, wacher Aufmerksamkeit spüre ich die Körperempfindungen, die bei mir mit Gelöstheit verbunden sind. Und das befähigt mich allmählich wieder, zu einer wirklich tiefen Ruhe (ohne die übliche Rest-Spannung) zu finden und im Alltag ausgeglichen und gelassen zu sein.

Diese Fähigkeit, den Muskeltonus bewusst wahrzunehmen und (überwiegend unbewusst) zu regulieren, ist von großer Bedeutung für das grundlegende Körpergefühl eines Menschen und damit auch für sein Selbst-Bewusstsein und seine Persönlichkeitsentwicklung. Nicht zuletzt deshalb kann die Progressive Relaxation gerade für Kinder sinnvoll sein.

Natürlich ist Entspannungstraining für Kinder auch problematisch, und die möglichen Einwände sind im Einzelfall sorgfältig zu prüfen.

Die meisten Kinder brauchen sicher eher mehr Entfaltungsmöglichkeiten für ihre ganz normale kindliche Entwicklung, d. h. mehr Spiel, Natur, Geborgenheit, anstatt einer eher künstlichen Entspannungsübung, die ja auch eine zusätzliche Verpflichtung im meist schon übervollen Terminplan der Kinder bedeutet. Andere Kinder brauchen eher Verständnis und Hilfe bei ihren Problemen in Familie, Kindergarten, Schule, Freundeskreis, oder sogar medizinisch-therapeutische Unterstützung bei krankheitswertigen Störungen (z. B. einer Aufmerksamkeitsstörung) anstatt einer zusammenhanglosen Entspannungstechnik, die von den Eltern auch als Disziplinierungsmittel („Lern endlich still zu sitzen!") missverstanden werden kann.

Sinnvoll ist die Progressive Relaxation für ein Kind, wenn sie nicht Ersatz ist für anderes, sondern wenn das Kind davon profitieren kann, dass hier eine natürliche Fähigkeit systematisch gefördert wird. Im besten Fall vermittelt die PR, in einem guten Kurs bei einer guten Kursleiterin, eine wertvolle korrigierende Erfahrung: Sensibilität und Gelöstheit statt Ablehnung und Druck, Selbstbewusstsein und Freude am eigenen Körper statt Anpassung und Leiden.

Nachdem in den Standardwerken zur Progressiven Relaxation von Jacobson und Bernstein/Borkovec nur gelegentlich auf die Anwendung bei Kindern hingewiesen wurde, ist in neuerer Zeit das Interesse an diesem Bereich deutlich gestiegen: Im Buch von Gröninger/Stade-Gröninger ist der PR mit Kindern ein ganzes Kapitel gewidmet, es gibt die Stressbewältigungsprogramme für Schulkinder, in die PR integriert ist, von Klein-Heßling/Lohaus und Richter/Pieritz, und inzwischen auch das Buch von Booth als erste Spezial-Veröffentlichung zum Thema PR mit Kindern.

Alle diese veröffentlichten Konzepte bieten zwar kein vollständig überzeugendes Vorgehen, das einfach übernommen werden könnte, aber nach kritischer Sichtung immer noch eine Menge Anregungen und Erfahrungen, die bei der Entwicklung eines eigenen Kurskonzeptes sehr hilfreich sind.

Ralf Booth etwa vermittelt die Grundidee, Anleitungen durch Reim-Form einprägsam zu gestalten, und gibt viele Beispiele für auflockernde und motivationsfördernde begleitende Spiele und Übungen. Ein Beispiel ist das „Körper-Puzzle", in dem Körperteile aufgemalt und dann, entsprechend den Übungen, zusammengesetzt werden. Insgesamt wirken seine Anleitungen in Versform zu weitschweifig, die Reime oft arg holprig, und immer wieder wecken seine Vergleiche ungute Assoziationen (z. B. die Faust, „mit der du nichts und niemand haust").

Uta Nolte (in Gröninger/Stade-Gröninger) gibt ihrem Kurs eine feste Struktur durch eine zusammenhängende Geschichte um „Kater Goldkralle", mit dem zusammen die Kinder eine kurze Form der PR lernen und üben, sowie durch Ritualisierung des Stundenanfangs und des Übungsablaufs als wiederholtes „Signalspiel", wobei der durch „loslassen" signalisierte Ruhezustand ganz unglücklich als „leblos" bezeichnet wird. Und so gut die Idee einer durchgehenden (Katzen-)Geschichte auch ist, hinterlässt im konkreten Fall die letztlich aggressive und moralisierende Ausgrenzungstendenz dieser Geschichte einen schalen Nachgeschmack.

Johannes Klein-Heßling und Arnold Lohaus verwenden wiederum einen anderen interessanten Ansatz, die Veranschaulichung jedes Übungsschritts durch ein Vorstellungsbild (z. B. „Zitrone auspressen" bei der Hand-Übung, „Kaugummi kauen" bei den Kiefermuskeln). So wird die PR-Übung lebendig erlebbar für Kinder, allerdings haben die Bilder untereinander keinerlei Zusammenhang, orientieren auch nicht auf die Ruhephase als das Wesentliche und Positive und schießen manchmal über das Ziel hinaus (etwa wenn bei der Bauch-Übung ein Elefant auf den Bauch tritt).

Die Vergegenwärtigung aller Erfahrungen mit Kindern macht deutlich, dass ein Kurs „PR für Kinder" trotz derselben Zielsetzung (Sensibilisierung des Muskelsinns) eine völlig andere Vorgehensweise erfordert als ein Erwachsenen-Kurs, der eher nüchtern methodenorientiert aufgebaut ist. Kinder brauchen eine stark motivierende Vermittlung, anschaulich und abwechslungsreich, wobei die gute, unmittelbar persönliche Beziehung zwischen Kind und Kursleiterin grundlegend ist, nicht das ausgefeilte Kurskonzept. Eine Teilnehmerzahl von 6 bildet hier die Obergrenze. Auch sollte die Gruppe homogen in der Altersstufe sein (5-7 Jahre, 8-11 Jahre, 12-14 Jahre), da kleinere Kinder eher über Spielerisches, Bilder und Geschichten zu motivieren sind, größere eher über die Idee der Entdeckung des eigenen Körpers oder über persönliche Ziele, die sie mit dem Entspannungstraining verbinden.

Wegen der im Allgemeinen kürzeren Konzentrationsspanne von Kindern sollte die eigentliche Trainingseinheit unter 20 Minuten bleiben, am besten zweimal pro Woche. Wenn mehr Zeit zur Verfügung steht, lässt sie sich mit vorbereitenden und begleitenden Spielen oder Übungen nutzen, dies allerdings in einem sinnvollen Zusammenhang mit dem jeweiligen PR-Übungsschritt, damit das Trainingsziel nicht völlig aus den Augen verloren wird. Unter diesen Bedingungen ist die übliche Grundform der PR mit ca. 16 Schritten zu lang, eine kürzere Form mit etwa 7 exemplarischen Schritten empfehlenswert. Auch empfiehlt sich bei Kindern, die Phase des Anspannens als eine aus dem Alltag vertraute, jetzt etwas verlangsamte oder mehrfach wiederholte Bewegung anzuleiten, konkret und verständlich.

Die Einprägsamkeit, die den Transfer der PR in den Alltag des Kindes erst sicherstellt, lässt sich kräftig vertiefen, wenn die in der Literatur vorgefundenen Möglichkeiten kombiniert und integriert werden: Eine Geschichte als durchgehende Rahmenhandlung (z. B. eine Katzen- oder Zirkus-Geschichte), die bei jedem Übungsschritt ein passendes Bild enthält (z. B. ein Clown beim Gesicht), wobei die Phasenfolge jedes PR-Übungsteils (Anspannen – Festhalten – Loslassen – Nachspüren) in Versform immer wieder rituell verankert wird.

Abschließend sei noch einmal betont, welch große Rolle die Persönlichkeit der Kursleiterin und ihre Beziehung zum einzelnen teilnehmenden Kind spielen. Die typischen Schwierigkeiten mit Kindern, etwa eine fortgesetzte Unruhe, lassen sich nicht durch „Tricks" dauerhaft auflösen, sondern am ehesten auf der Basis einer guten Beziehung und einfühlsamen Verstehens dieser besonderen kindlichen Persönlichkeit. Somit ist es auch sinnvoll, wenn sich eine Kursleiterin ein Konzept aus den vorliegenden Materialien und ihr zugänglichen und eigenen Erfahrungen selbst aufbaut, damit es im Einklang mit ihr steht und ihr selbst auch genügend „Spielraum" lässt. Der Kurs sollte gewissermaßen auch dem Kind in der Kursleiterin gefallen.

erschienen im Kneipp-Journal 4/2001

Autogenes Training für Kinder

Die natürliche Entspannungsfähigkeit als Ausgleich zu Anstrengung, Konzentration und Stress ist oft schon bei Kindern beeinträchtigt. Es gelingt ihnen nicht mehr, eine ausreichende Erholung zu finden und in kritischen Situationen die angemessene Ruhe zu bewahren.
Bevor dies zu einem ernsten Problem wird und gesundheitliche Schäden verursacht, bedarf es in erster Linie der Wiederherstellung einer kindgemäß gesunden Lebensform mit vielseitiger Bewegung, vor allem in freier Natur, mit reichen sozialen Kontakten, mit gesunder Ernährung und mit geistig anregenden Aktivitäten.
Wenn sich die Entspannungsfähigkeit dann nicht sowieso von selbst wieder einstellt, lässt sie sich gezielt wieder aufbauen und festigen durch ein systematisches Entspannungstraining wie das Autogene Training (AT) nach Schultz.

Zur Erinnerung:

Die Entspannungsübung des AT ist im Unterschied zu anderen Entspannungsformen gekennzeichnet durch

- die Methode der Selbstsuggestion (innere Vergegenwärtigung von „Formeln", z. B. „Der rechte Arm ist schwer", eventuell auch von Bildern)

- Hervorrufen von sechs bestimmten Empfindungen (Schwere, Wärme, ruhiger Atem, ruhiger Herzschlag, strömende Wärme im Bauchbereich, Kühle an der Stirn), die schrittweise aufgebaut werden

- kurze Übungszeit (vier Minuten, Schultz spricht von „Umschaltung")

- selbstständige Durchführung („autogen").

Damit das Autogene Training, das ja für Erwachsene konzipiert wurde, auch für Kinder brauchbar wird, bedarf es einiger Modifikationen der Form und Vermittlung.

Grundlegend sind ein gefühlvoll guter Kontakt zwischen Übungsleiter/-in und Kind bzw. Kindern in einer kleinen Gruppe, sowie eine direkte, lebendige Sprache. Auch die Formeln brauchen eine Anpassung an kindliche Sprechweise.

Engagierte und kompetente Autoren wie Sabine Friedrich/Volker Friebel haben darüber hinaus noch eine Fülle von Möglichkeiten entwickelt, die Entspannungsstunde durch ergänzende Spiele und Geschichten abwechslungsreich zu gestalten.

Eine andere, für Kinder besonders geeignete Vorgehensweise ist die Einbettung von AT-Elementen in Geschichten, die den Kindern erzählt oder vorgelesen werden. Sie wurde durch Else Müller bekannt und hat ihre methodisch ausgefeilteste Form in den „Kapitän-Nemo-Geschichten" von Ulrike Petermann gefunden.

Beim Überblicken der verschiedenen Vorschläge zum AT für Kinder entsteht jedoch immer wieder der Eindruck, dass da zu viel des Guten getan wird und ein doch auch bei Kindern wesentliches Ziel des AT verloren zu gehen droht: die Befähigung, selbstständig, sicher und schnell zur Ruhe zu kommen, einen entspannten Zustand zu erreichen. AT ist dann in der Alltagswirklichkeit womöglich nur noch „die tolle Stunde mit Sabine und Volker" oder „die neue Hörspiel-CD" und wird nicht zur eigenen Fähigkeit.

Deshalb habe ich eine Übungsform entwickelt, die das AT als kindgerechte Spielszene so kurz und prägnant vermittelt, dass es geradezu Lust auf eigenständigen Einsatz macht („meine fünf Minuten Winterschlaf").

Nun soll die Übung für sich selbst sprechen:

AT für Kinder (4-7 Jahre)

Der kleine Bär im Winterschlaf

Ich bin der Bär im Winterschlaf.
Ganz tiefe Ruhe.

Meine Arme und Beine sind müde und schwer.
Mir ist mollig warm.
Ich atme ganz ruhig und gleichmäßig.
Mein Herz schlägt ruhig und regelmäßig.
Mein Bauch ist ganz besonders warm.
Am Kopf ist's ein bisschen kühl.

Ganz tiefe Ruhe.
Ich bin der Bär im Winterschlaf.

Frühling ist da!
Recken und strecken –
Frische Luft –
Augen auf –
Und Aufstehen!

AT für Kinder (8-12 Jahre)

Der Bär hält seinen Winterschlaf

Der Bär hält seinen Winterschlaf.
Ganz tiefe Ruhe.

Die Arme und Beine sind richtig schwer.
Es ist mollig warm.
Der Atem geht ruhig und gleichmäßig.
Das Herz schlägt ruhig und regelmäßig.
Der Bauch ist ganz besonders warm.
Die Stirn ist ein bisschen kühl.

Ganz tiefe Ruhe.
Der Bär hält seinen Winterschlaf.

Frühling ist da!
Recken und strecken –
Frische Luft –
Augen auf –
Und Aufstehen!

Wenn Sie AT schon kennen und mit Kindern zu tun haben, dann probieren Sie doch diese Übungsform mal aus!
Erfahrungsberichte können Sie mir über die Verlagsadresse oder die Sebastian-Kneipp-Akademie zukommen lassen – ich weiß das zu schätzen.

Literaturhinweis:

Sabine Friedrich/Volker Friebel, Entspannung für Kinder, 2002 (Rowohlt)
Else Müller, Du spürst unter deinen Füßen das Gras, 2000 (Fischer)

Ulrike Petermann, Materialien zu Imaginationsverfahren für Kinder. Die Kapitän-Ne-mo-Geschichten, in: Petermann/Vaitl, Handbuch der Entspannungsverfahren, Bd.2, 1994 (PVU), S.305-345

veröffentlicht im Kneipp-Journal 2/2005

Visualisierung

Eine Visualisierung ist der Wortbedeutung nach eine „bildhafte Vorstellung". Etwas visualisieren heißt, sich ein inneres, gedankliches Bild davon machen.

Im Gesundheitsbereich ist die Definition von Visualisierung allerdings enger zu fassen. Hier bezeichnet sie das bildhafte Vorstellen einer Gesundung oder Besserung.

Diese Vorstellung wird als Selbsthilfeübung durchgeführt und zielt darauf ab, die Selbstheilungskräfte des Organismus zu aktivieren und so zu einer tatsächlichen Gesundung oder Besserung beizutragen.

Eine entsprechende Wirksamkeit von Vorstellungen ist durch die Forschungen auf dem Gebiet der Psychoneuroimmunologie wissenschaftlich nachgewiesen (siehe z. B. Miketta, Netzwerk Mensch).

Wenn eine Person unter einer Störung oder Erkrankung leidet, hat sie praktisch immer auch schon Bilder oder Vorstellungen von der Erkrankung. Normalerweise genügt es, sich die Störung beschreiben zu lassen, und die spontan vorhandenen Bilder kommen durch die sprachliche Formulierung zum Vorschein.

Die folgenden Beispiele können dies verdeutlichen:

- Wuchernde Krebszellen

- Brennender Schmerz – Flammen unter der Haut

- Ziehen in der Schulter – Gewichte

- Schmerz „fährt" ins Bein – wie ein Blitz

Diese spontanen Bilder, die sich die betroffenen Personen immer wieder vor Augen führen, verstärken als visuelle Selbstsuggestion die Störung und das Leiden.

Umso wichtiger ist es, hier mit einer entgegengesetzten Visualisierung einzusetzen und die in den Bildern liegende Möglichkeit der Person zu nützen, Körpervorgänge zu beeinflussen, an der eigenen Gesundung mitzuarbeiten und Mitverantwortung zu übernehmen. Denn: „Wenn es psychosomatische Leiden gibt, kann es auch eine psychosomatische Gesundheit geben" (Carl O.Simonton. u. a., Wieder gesund werden, 1982, S.41).

Die positive Stimulierung der Selbstheilungskräfte durch die Visualisierung kann als ergänzend und verstärkend zu medizinischen Vorgehensweisen verstanden und eingesetzt werden.

Eine Visualisierung ist auch schon deswegen sinnvoll, weil sie zur Entspannung und Angstreduktion beiträgt, indem sie das Vertrauen in die eigenen Fähigkeiten und Handlungsmöglichkeiten stärkt, und weil sie die Person aktiviert und auf das Ziel der Gesundung hin orientiert.

Aufbau einer Visualisierung

Eine Visualisierung ist meist dann am wirkungsvollsten, wenn die Person, die sie bei sich einsetzen möchte, sie auch selbst ruhig und sorgfältig für sich erarbeitet hat. Denn so ist sichergestellt, dass das Vorstellungsbild auch wirklich individuell passt und stimmig ist.

Zu empfehlen ist dabei folgende Vorgehensweise:

1) Von der (körperlichen) Störung ausgehen

2) Herausarbeiten des Bildes der Störung
   Wie kann man sich das vorstellen?
   Wie lässt es sich beschreiben?
   Womit kann man es vergleichen? (Es ist so, als ob ...)

Das Bild kann sein:

   • fachgerecht medizinisch

- naiv medizinisch

- symbolisch

Entscheidend ist, dass das Bild auf seine Art den grundlegenden medizinischen Fakten entspricht und dass es für die betreffende Person gefühlsmäßig „stimmt".

3) Weiterentwickeln des Bildes der Störung zu einem Bild der Heilung bzw. Besserung

am Beispiel der vorher genannten Bilder:

- Krebszellen
  angegriffen von weißen Blutkörperchen
  vernichtender Sieg
  (s. u. die Krebsvisualisierung von Simonton)

- Flammen
  Gasflammen
  langsam zudrehen

- Gewichte
  Säckchen mit Bleikügelchen
  Herausrieseln lassen

- Blitz
  Blitzableiter installieren
  Ableiten

Wenn jemand bei der Weiterentwicklung vom Bild der Störung zum Bild der Heilung selbst keine Idee für eine Wendung zum Besseren hat, kann er sich ruhig von anderen helfen lassen und

Anregungen holen. Er sollte jedoch darauf achten, nur solche Bilder zu übernehmen, die für ihn wirklich „stimmen".

4) Das Schlussbild (heiler Zustand) besonders ausarbeiten

Bildertypen

Grundsätzlich lassen sich bei der Visualisierung drei Bildertypen unterscheiden:

- Das allgemeine Gesundungs-Bild
  veranschaulicht die Verbesserung des allgemeinen Gesundheitszustands.

- Das spezifische Heilungs-Bild
  veranschaulicht die Auflösung einer spezifischen (körperlichen) Störung.

- Das Ziel-Bild
  veranschaulicht den Zustand, ein bestimmtes Ziel erreicht zu haben (ohne Berücksichtigung des Verlaufs).

Alle diese Bildertypen können, wie bereits erwähnt, mehr realistisch-konkret oder mehr symbolisch sein.
Ein konkretes allgemeines Gesundungsbild wäre zum Beispiel die Vorstellung eines wohltuenden Bades, mehr symbolisch wäre die Vorstellung eines Einatmens von Kraft/Ruhe/Klarheit.

Möglicherweise sind symbolische Bilder wirkungsvoller, da sie eher der „Sprache" des Unbewussten entsprechen.

Durchführung einer Visualisierung

Eine Visualisierung sollte, wie eine reine Entspannungs-Übung, wiederholt durchgeführt werden, zum Beispiel dreimal täglich, um sie innerlich gut zu verankern.

Die Übung beginnt mit einer Entspannungs-Phase.

Danach folgt die eigentliche Visualisierung, die vom Störungsbild ausgeht und dann zur Heilungsvorstellung überleitet bis hin zum Bild des Heilseins, das man besonders lang und intensiv wirken lassen sollte.

Ein anschließendes Zeichnen oder Malen des Heilungsbildes kann verstärkend wirken.

Eine typische Schwierigkeit bei der Durchführung einer Visualisierungsübung ist zum Beispiel das Zweifeln an der eigenen Vorstellungskraft („Ich kann mir das nicht vorstellen, ich sehe kein Bild").

Hier ist es wichtig zu wissen, dass nur wenige Menschen bei einer Visualisierung quasi fotografische Bilder innerlich vor Augen haben. Dennoch ist sie wirkungsvoll: ein eher gedankliches Vorstellen reicht völlig aus.

Im Übrigen werden erfahrungsgemäß nach einiger Zeit des Übens die Vorstellungen plastischer.

Einem Zweifel an der Wirksamkeit der Visualisierung („Das soll helfen?") tritt man am besten dadurch entgegen, dass man die Berechtigung einer gesunden Skepsis zugesteht. Sie tut der Wirkung der Visualisierung keinen Abbruch, man muss es nur ausprobieren.

Es ist ja tatsächlich nicht selbstverständlich, dass die lebhafte Vorstellung von etwas Erwünschtem dazu führen soll, dass es Wirklichkeit wird („Letzten Samstag hab ich mir ganz intensiv vorgestellt, im Lotto zu gewinnen – nichts war's!").

Zum Ausprobieren ermutigen kann ein einfaches Beispiel für die Wirkung bildhafter Vorstellungen, das auch der Skeptiker aus eigener Erfahrung kennt, z. B. dass die Vorstellung einer Zitrone tatsächlich verstärkten Speichelfluss auslöst.

Denn es geht bei der Visualisierung um die Einflussmöglichkeiten des menschlichen Organismus auf sich selbst, nicht um übersinnlichen Hokuspokus.

Gerade gesundheitsbewusste und aufgeschlossene Menschen fragen manchmal, ob eine Visualisierung angesichts psychosomatischer Zusammenhänge eigentlich berechtigt und sinnvoll ist („Die Erkältung hat schon ihren Sinn, die will ich nicht einfach wegmachen").

Hier ist zuzugestehen, dass es bei einer Störung erst einmal darauf ankommt, den Sinn zu verstehen und entsprechende Konsequenzen für die eigene Lebensführung zu ziehen. Dann jedoch ist es durchaus sinnvoll, den Heilungsvorgang durch eine Visualisierung zu unterstützen, zu erleichtern.

Damit ist auch eine prinzipielle Grenze dieser Art von Visualisierung angesprochen. Sie ist völlig symptomorientiert und zielt auf ein Lindern oder Auflösen der Störung, ohne sich um Hintergründe und Zusammenhänge zu kümmern.

Dementsprechend greift diese Vorgehensweise zu kurz, wenn eine Störung Sinn und Funktion für die betreffende Person hat – für ihren inneren psychischen „Haushalt" oder auch im sozialen Kontext.

Bei dieser Art psychosomatischer Störungen sind vorrangig andere Vorgehensweisen erforderlich, die ein Verstehen der „Botschaft" der Störung ermöglichen, die die positive Funktion der Störung auf andere Weise sicherstellen oder die das System, zu dem die Störung gehört, konstruktiv verändern.

Für solche Vorgehensweisen auf der Meta-Ebene (Sinn und Funktion der Störung) ist jedoch die Technik der Visualisierung in modifizierter Form ebenfalls sinnvoll einsetzbar.

Durch geeignete Vorstellungen wird dabei ein Kontakt mit dem Unbewussten hergestellt, der dann die gewünschten Klärungen auf der Meta-Ebene ermöglicht.

Als Beispiele sind unten ausgeführt die Visualisierung eines „Gesprächs mit dem Symptom" und die Visualisierung einer inneren Instanz (Hüterin der Gesundheit/Innerer Ratgeber).

Solche Vorstellungsbilder lassen sich jedoch eher dem Bereich therapeutischer Imaginationen oder selbsterfahrungsorientierter Phantasiereisen zuordnen. Sie gehören nicht mehr zur klassischen Visualisierung als Selbsthilfemethode.

Übungsmaterial

- Beispiel einer kombinierten Entspannungs-Übung als Einleitung einer Visualisierung

- Ausformulierte Anleitung einer Visualisierung (unspezifisches Heilungsbild)

- Beispiel einer rein symbolischen Visualisierung (Rötliche Kugel)

Entspannungsübung zur Visualisierung

Nehmen Sie sich Zeit (die Übung dauert 20 bis 30 Minuten)
und schaffen Sie sich eine möglichst ruhige Umgebung,
mit gedämpftem Licht und ausreichender Wärme.
Treffen Sie die nötigen Vorkehrungen, damit Sie nicht gestört werden.
Machen Sie es sich – im Sitzen oder im Liegen – richtig bequem.

Beginnen Sie die Vertiefung in die Entspannung,
indem Sie eine Zeit lang auf die Geräusche der Umgebung achten
und spüren, wie Sie daliegen bzw. dasitzen.
Auftauchende Gedanken können Sie – wie Wolken an einem blauen
Himmel – vorüberziehen lassen.
Beobachten Sie Ihren Atem (ohne etwas zu verändern)
und spüren Sie, wie die Atemluft ganz von selbst
herein- und herausströmt,
in Ihrem eigenen Rhythmus, ruhig und regelmäßig.

Zählen Sie langsam – bei jedem Ausatmen eine Zahl – rückwärts
von 10 bis 1
und lassen Sie sich mit jeder Zahl auf angenehme Weise
ein Stück tiefer in die Entspannung hineinsinken.
Bei 1 können Sie sich dann völlig wohl fühlen, gelöst und ruhig.

Spüren Sie, wie weit Sie bereits entspannt sind,
indem Sie einen „Gang durch Ihren Körper" machen,
zum Beispiel in der Reihenfolge:
Füße, Unterschenkel, Oberschenkel,
Becken, Rücken,
Hände, Unterarme, Oberarme, Schultern, Nacken,
Kopf, Gesicht (Stirn, Augen, Nase, Mund),
Hals, Brustkorb, Unterkörper.
Achten Sie dabei auf alle Empfindungen in den Körperteilen,
besonders auf Gefühle von Schwere und Wärme.

Erinnern Sie sich an eine Stunde, in der Sie sich so richtig wohl
gefühlt haben,
völlig entspannt und gelöst – ausruhen, genießen, träumen.
Sehen und erleben Sie alles so wie damals,
indem Sie sich intensiv daran erinnern.

Nützen Sie jetzt den erreichten Entspannungs-Zustand
und machen Sie Ihre Visualisierungsübung.

Lassen Sie sich Zeit bei der Rückkehr aus dem Entspannungszustand.
Spüren Sie zuerst wieder Ihren Kontakt zum Boden
und stellen Sie sich vor, Belebung und Wärme strömt in Ihren Körper.
Wenn Sie so weit sind, dann zählen Sie bei den nächsten 5 Atemzügen
von 1 bis 5, und zwar bei jedem Einatmen eine Zahl.
Kehren Sie bei der Zahl 5 mit leichtem, klarem Kopf, erfrischt und
ausgeruht
aus dem Entspannungs-Zustand zurück.

Bewegen Sie Arme und Beine und öffnen Sie Ihre Augen.

Visualisierungsanleitung

Diese Visualisierung kann in jede gelungene Entspannungs-Übung
eingefügt werden.

Stellen Sie sich die Erkrankung in Ihrem Körper bildhaft vor.
Lassen Sie das Bild ganz deutlich werden.

Stellen Sie sich dann vor,
wie in Ihrem Bild die heilenden Kräfte des Körpers
die Erkrankung zurückdrängen, verringern und schließlich beseitigen.

Machen Sie sich ein möglichst anschauliches Bild
von der Vorgehensweise Ihrer heilenden Kräfte.

Achten Sie auf Einzelheiten, Farben, Bewegungen, Geräusche.
Lassen Sie das Bild ganz deutlich werden
und beobachten Sie nun, wie die heilenden Kräfte gegen die Erkrankung
vorgehen und sie Stück für Stück zurückdrängen und beseitigen.
Schauen Sie zu, wie die Erkrankung weniger wird,
wie die heilenden Kräfte immer mehr die Oberhand gewinnen.
Bleiben Sie ganz bei dem Bild
von der fortschreitenden Beseitigung der Erkrankung,
völlig ruhig und entspannt,
voll Vertrauen auf den Erfolg der heilenden Kräfte Ihres Körpers.
Lassen Sie Ihre heilenden Kräfte immer stärker werden
und die Erkrankung immer noch mehr verringern und beseitigen.
Bleiben Sie mit Ihrer ganzen Aufmerksamkeit
beim erfolgreichen Vorgehen Ihrer heilenden Kräfte.

Bleiben Sie bitte so lange bei Ihrer bildhaften Vorstellung,
bis die Erkrankung deutlich verringert oder vollständig beseitigt ist,
bis Sie mit dem Erfolg Ihrer heilenden Kräfte
so richtig zufrieden sein können.

Genießen Sie dann dieses Bild der Gesundheit,
diesen angenehmen Zustand noch eine Weile

und entscheiden Sie selbst, wann Sie die Übung abschließen
und aus der Entspannung zurückkehren wollen.

Die rötliche Kugel

Lassen Sie sich Zeit, eine bequeme Haltung zu finden,
so locker und gelöst wie möglich,
und in Ihrem eigenen Rhythmus zu atmen,
ganz entspannt.

Achten Sie ruhig noch auf Ihre Gedanken,
nehmen Sie wahr, was Ihnen so durch den Kopf geht, was Sie beschäftigt,
während Sie vielleicht mit Hilfe der Geräusche oder bestimmter Töne
oder von Musik, die Sie hören oder sich vorstellen zu hören,
allmählich in eine Art Tagtraum hinübergleiten.

Dabei entsteht vor Ihrem inneren Auge das Bild einer rötlichen Kugel,
so wie es Ihnen gerade entspricht.
Lassen Sie sich bitte Zeit,
dieses Vorstellungsbild in all seinen Einzelheiten wahrzunehmen,
es eventuell noch etwas näher heranzuholen,
ganz damit vertraut zu werden.

Und dann lassen Sie diese rötliche Kugel innerlich los,
lassen Sie sie allmählich davonschweben,
ganz leicht und sanft und ruhig.

Die Kugel entfernt sich immer mehr,
immer weiter, ferner, höher
hinauf zu anderen Regionen,
fliegt davon, wird kleiner und kleiner,

bis sie nur noch ein Punkt ist
in der Weite eines sommerlich blauen Himmels
und schließlich ganz entschwindet.

Genießen Sie dann alles,
was in der Gelöstheit an Gefühlen, Empfindungen, Gedanken,
Bildern auftaucht
und Ihr inneres Erleben bereichert.

Und kehren Sie mit leichtem, klarem Kopf, erholt und ausgeruht,
aus dem Tagtraum in den Wachzustand zurück – nicht zu schnell.

*Dieser Text ist ein Skript zu einem Weiterbildungsseminar über „Visualisierung"
und basiert auf einem Abschnitt meines Lehrbriefs „Entspannung", der in der
Ausbildung „Gesundheitspädagogik" der Sebastian-Kneipp-Akademie verwendet
worden war.*

Phantasiereisen

Eine „Phantasie-Reise" ist eine längere Imagination, die inhaltlich dem Muster einer Reise entspricht.

Im Vergleich zum Ruhe-Bild einer imaginativen Entspannung ist die Phantasie-Reise ausgedehnter und vielfältiger. Vor allem aber dient sie nicht nur einer Ausweitung oder Vertiefung der Entspannung, sondern soll ein weitergestecktes Ziel erreichen:

· Bestärkung der Person (Ressourcen-Aufbau)

· Ermutigung der Person (Symbolische Problemlösung)

· Selbsterfahrung

· Persönlichkeitsentwicklung

Schon die Idee einer „Reise" deutet ursprünglich ja weniger auf Ruhe hin als auf Abenteuer, Entdeckung, Erfahrung, Veränderung und Entwicklung.

Bestärkung und Ermutigung werden meist durch inhaltlich geschlossene Geschichten vermittelt. So kann etwa die Ressource „Kraft" wirkungsvoll veranschaulicht werden durch die Begegnung mit einem großen, starken Baum. Und die symbolische Lösung eines Problems, das als „unüberwindlicher Berg" erlebt wird, zeigt sich anschaulich in der Geschichte einer Bergbesteigung.

Phantasie-Reisen, die auf Selbsterfahrung oder Persönlichkeitsentwicklung abzielen, sind dagegen zumindest im Kern offene Geschichten, eine Art Motivpräsentation, die es ermöglicht, etwas über sich selbst zu erfahren (ohne dass es von der anleitenden Person vorgegeben wird) oder sich dadurch innerlich weiterzuentwickeln, dass man sich bestimmten Schwierigkeiten stellt und kreativ Lösungen findet.

Ein Beispiel für eine Phantasie-Reise dieser Art wäre die „Erforschung einer unbekannten Insel".

Phantasie-Reisen sind im Zusammenhang mit solchen Zielen besonders geeignet, da sie den Zugang zur „Schatzkammer des Unbewussten" erleichtern. Durch Bilder und den entspannten Trance-Zustand, in dem eine Phantasie-Reise stattfindet, tun sich Möglichkeiten auf, die dem einfachen Nachdenken und dem Gespräch nicht offen stehen.

Der Ablauf einer Phantasie-Reise lässt sich im Wesentlichen in sieben Phasen unterteilen:

- Entspannung (Trance-Induktion)

- Beginn der Reise / Ausgangspunkt

- Weg

- Ziel der Reise / Hauptpunkt

- Rückweg

- Ende der Reise / Endpunkt bzw. Rückkehr zum Ausgangspunkt

- Beendigung (Re-Orientierung)

Die anfängliche Entspannungsanleitung bzw. Trance-Induktion ist notwendig, da nicht immer erwartet werden kann, dass die Phantasie-Reise selbst entspannend wirkt.
Entsprechend ist auch nach dem Ende der inneren Reise noch eine ausdrückliche Beendigung der Entspannung bzw. Trance erforderlich.
Danach sollte sich immer eine Phase anschließen, die der Verankerung des Erlebten und Erreichten im Bewusstsein dient, also eine Gelegenheit zum Sprechen, eine Zeit des ruhigen Nachdenkens oder eine Möglichkeit zum Aufschreiben oder Malen.

Die Anleitung einer Phantasie-Reise erfordert Klarheit über das Ziel, das für die Person(en) erreicht werden soll, über die wesentlichen Strukturelemente und die notwendigen inhaltlichen Vorgaben. Die weitere Ausgestaltung in den Details sollte dann durch möglichst offene Formulierungen der Phantasie der einzelnen Person überlassen bleiben.

Das kann sinnvoll unterstützt werden durch eine einfache und lebendige Sprache, die alle Sinnesbereiche einbezieht, bei ruhig-klarer Sprechweise, und durch Worte und Formulierungen, die die Person(en) weder gängeln noch allein lassen. Die Kunst des Anleitens einer Phantasie-Reise besteht eben darin, das Lenken auf das wirklich Notwendige zu beschränken, die notwendigen Details rechtzeitig einzubringen und ein einfühlsames Pausen-*timing* zu praktizieren, um die wünschenswerte individuelle Entfaltung zu ermöglichen und zu fördern.

Besonders sorgfältig ist bei Phantasie-Reisen, die zur Selbsterfahrung oder Persönlichkeitsentwicklung dienen, darauf zu achten, dass der Kernpunkt der Reise wirklich offen bleibt und genügend Zeit für das innere Geschehen zur Verfügung steht. Manchmal ist es sogar das Beste, die sprachliche Begleitung ganz zurückzunehmen und eine begrenzte Zeit der Stille anzukündigen, um so eine ungestörte Entfaltung zu gewährleisten.

Im Allgemeinen ist es empfehlenswert, die Anleitung einer Phantasie-Reise mit Musik zu untermalen. Um die Phantasie zu fördern, muss die Musik allerdings dem Inhalt und Charakter der Phantasie-Reise gut entsprechen. Zugleich sollte sie der anleitenden Person selbst zusagen und auch noch allen Teilnehmern angenehm sein – naturgemäß ist es nicht leicht, das alles unter einen Hut zu bringen. Im Zweifelsfall ist es besser, auf Musik zu verzichten und auf die Phantasie der Menschen zu vertrauen.

Als Beispiel eine Phantasie-Reise vom Typ „Symbolische Problemlösung", dargeboten mit den drei Elementen Mauer, Fluss und Berg, eingebettet in den Ablauf einer Entdeckung der eigenen inneren Welt, mit einigen Selbsterfahrungselementen:

Der Weg

Finden Sie eine möglichst lockere Körperhaltung
und machen Sie sich dann in Ruhe vertraut mit der Situation,
der Umgebung,
den Geräuschen, allem was dazugehört,
mit sanft geschlossenen Augen,
bevor Sie eintauchen in den Bereich der Träume und der Phantasie.

Es beginnt mit einer weitläufigen Garten- oder Park-Landschaft,
alles ganz ruhig, übersichtlich, angenehm,
und einem Weg, den Sie auf träumerische Art gehen,
immer weiter,
die vielen schönen Plätze für sich entdecken und kennenlernen,
alles irgendwie ganz vertraut,
bis Sie an die Mauer kommen, die diesen Park umschließt.

Nun lassen Sie sich überraschen,
wie Ihr Unbewusstes diese Aufgabe löst,
wie es Ihnen gelingt, die Mauer hinter sich zu lassen,

so dass Sie weitergehen können,
durch die weitere Landschaft, durch die Natur der Phantasie,
innerlich, träumerisch,
Ihren Weg,
bis Sie an einen Fluss kommen,
der eine Grenze bildet, die Grenze zwischen Hier und Dort.
Und auch die andere Seite ist Teil Ihrer Welt.

Doch jetzt lassen Sie sich erst einmal überraschen,
welche Art hinüberzugelangen Ihr Unbewusstes wählt

und wie sich das dann anfühlt, dort zu sein,
jenseits des Flusses,
Einzelheiten dieser seltsam neuen Landschaft zu entdecken,
und den Weg dort weiterzugehen,

immer noch weiter.
Und irgendwann führt dieser Weg bergauf,
wird zur Besteigung eines Berges,
ganz träumerisch leicht,
immer höher hinauf.

Und wenn Sie am Gipfel angekommen sind,
dann ist es Zeit auszuruhen, sich zu erholen
von den Anstrengungen, die hinter Ihnen liegen,
zurückzuschauen den ganzen Weg, den Sie gegangen sind,
sich zu freuen über das, was Sie entdeckt, erlebt und erreicht haben,
oder auch vorauszuschauen,
den Weg, der vor Ihnen liegt, ein Stück weit überblicken,
ruhig auch ein bisschen neugierig auf das Kommende,
und Kräfte zu sammeln beim Ruhen auf dem Gipfel,
Ruhen und Träumen,

bis Sie spüren, dass es gut ist.
Und dann den Bereich der Phantasie verlassen,
wie man Träume zurücklässt beim Erwachen,
und ganz wieder hier in der Gegenwart ankommen,
wach und klar und sehr lebendig.

*Dieser Text ist ein Skript zu einem Weiterbildungsseminar über „Phantasiereisen"
und basiert auf einem Abschnitt meines Lehrbriefs „Entspannung", der in der
Ausbildung „Gesundheitspädagogik" der Sebastian-Kneipp-Akademie verwendet
worden war.*

Focusing

Focusing ist eine besondere, wirkungsvolle und angenehme Vorgehensweise zur Problemlösung und Entscheidungsfindung und damit eine gute Hilfe auf dem Weg der persönlichen Weiterentwicklung.

Es basiert darauf, dass es zu jeder persönlich wichtigen Sache ein körperlich spürbares Gesamtgefühl gibt. Wenn eine Person nun – statt länger zu grübeln oder zu reden – in entspanntem Zustand ihre Aufmerksamkeit auf dieses Gesamtgefühl „focusiert" und daraus Körperempfindungen, Gefühle, Bilder, Worte entstehen lässt, ergeben sich oft neue, befreiende Einsichten und Orientierungshilfen zur Problemlösung.

Somit ist Focusing eine wertvolle Möglichkeit der Selbsthilfe, besonders wenn jemand in Problemen stecken zu bleiben droht oder sich blockiert fühlt.
Es ist auch eine wichtige Hilfe im beratenden Gespräch, um den Prozess der inneren Veränderung einer anderen Person verstehen, begleiten und unterstützen zu können.
Focusing wurde von Eugene Gendlin ursprünglich als psychotherapeutische Methode und Orientierung im Rahmen der klienten-zentrierten Psychotherapie (Gesprächstherapie nach Carl Rogers) entwickelt.
Hier in diesem Seminar geht es jedoch, durchaus auch im Sinne Gendlins, um Focusing als Selbsthilfemethode zur „psychischen Hygiene", als klar begrenzte Übung, die selbstständig durchgeführt werden kann und soll.

Der Focusing-Ablauf lässt sich als praktische Übung sinnvoll in sechs Schritte unterteilen:

• Raum

• Thema

• Gesamtgefühl

- Symbolisierung

- Entwicklung

- Veränderung

Die sollen jetzt genauer dargestellt werden:

Raum

Das Focusing beginnt mit einem äußeren und inneren Raumschaffen. Äußerlich geht es darum, in Umgebung und Körperhaltung die Voraussetzungen für einen ruhigen und sicheren Übungsablauf herzustellen. Innerlich geschieht das Raumschaffen in imaginativer und symbolischer Form. Alle Probleme, die einen zur Zeit beschäftigen, werden benannt und nacheinander bildhaft „beiseite gestellt" (zum Beispiel als ein Packen von Paketen, ein Aufräumen eines Zimmers, ein Aufhängen von Bildern), bis innerlich genügend freier Raum vorhanden ist und sich ein spürbares Wohlbefinden einstellt.

Es ist dabei wesentlich, dass die Probleme als ganze „Pakete" (mit Etikett) abgestellt werden, ohne sich hinein zu vertiefen. Und es sollte eine Atmosphäre freundlichen Entgegenkommens herrschen. Mit Beiseitestellen ist also keine Ablehnung, kein Wegwerfen oder Loswerdenwollen gemeint, sondern eher eine freundliche Begrüßung und die Bitte, eine Zeit lang zu warten.

Die Entspannung, die in dieser Phase entsteht, sollte kein Wegdriften sein, sondern eine wache Ruhe für die bewusste Durchführung des weiteren Focusing-Ablaufs.

Thema

Die Focusing-Übung ist immer auf ein ganz bestimmtes, klar benanntes Thema bezogen, das normalerweise schon vor Übungsbeginn feststeht. Die typische Vorgehensweise in dieser Phase ist wiederum imaginativ: Die Person hält sich das Thema in bildhafter Form als Ganzes (zum Beispiel als Paket mit entsprechendem Etikett) innerlich vor Augen, wobei auf den richtigen Abstand zu achten ist.

Dann stellt sie sich innerlich die Frage: „Wie fühlt sich dieses Problem als Ganzes an?"

Tauchen gleich altbekannte Einzelheiten auf, z. B. ein Gedanke dazu oder ein heftiges Gefühl, werden sie vorläufig wieder beiseite gestellt. Denn beim Focusing geht es ums Ganze.

In dieser Phase endet der eher aktiv gestaltende Teil des Focusing. Das Weitere geschieht mehr passiv-rezeptiv: Die Person wartet ab, horcht, schaut, spürt möglichst offen und ruhig in sich hinein, bis sich – als dritter Schritt – das Gesamtgefühl bemerkbar macht.

Gesamtgefühl

Dieses Gesamtgefühl angesichts des bildhaft vorgestellten Themas bildet den Kernpunkt des Focusing. Gendlin bezeichnet es als „felt sense" (etwa: gespürte Bedeutung). Aus diesem Gesamtgefühl heraus entwickeln sich die weiteren Schritte, die zu einer Veränderung führen, wie sie durch Denken und Sprechen nicht oder jedenfalls nicht so leicht erreichbar wäre.

Die wesentlichen Charakteristika eines Gesamtgefühls sind:

- Es bezieht sich auf das bestimmte Thema

- Es ist ganzheitlich, umfasst alles, was mit dem Thema zu tun hat (Informationen, Erfahrungen, Vorstellungen, Phantasien, Gefühle, Körperempfindungen)

- Es ist körperlich spürbar

- Es ist vage, unklar, verschwommen

- Es ist häufig eher unscheinbar, nur bei ruhiger Aufmerksamkeit zu spüren

Symbolisierung

Der durch das Zulassen und Spüren des Gesamtgefühls ermöglichte Prozess beginnt nach einiger Zeit ganz von selbst damit, dass sich eine erste Symbolisierung heraus-„kristallisiert", die gewissermaßen aus dem Gesamtgefühl „aufsteigt" und seine Eigenart auf den Punkt bringt.
Manchmal kommt dieser Schritt auch dadurch zustande, dass die Person sich an der Frage orientiert „Was ist das Schlimmste daran?" oder an der deutlichsten Körperempfindung, die zu dem Gesamtgefühl gehört. Andere Hilfsfragen: „Was ist das Wichtigste an diesem Gesamtgefühl?", „Was braucht es, damit ich mich gut fühle?"

Diese erste Symbolisierung ist oftmals imaginativ, also ein Bild, eine Vorstellung, eine Phantasie. Sie kann jedoch ebenso gut ein Wort, ein Satz, eine spezielle Körperempfindung, ein Bewegungsimpuls oder ein Gefühl sein. Entscheidend ist, dass sie nicht aus dem Denken, sondern in offen abwartender Haltung aus dem Gesamtgefühl kommt.

Gendlin nennt diese erste Symbolisierung „handle" („Griff"), da durch sie das unstrukturierte, „schwammige", „verschwommene" Gesamtgefühl greifbar bzw. sichtbar wird.

Entwicklung

Normalerweise bildet die erste Symbolisierung den Beginn eines weiterführenden inneren Prozesses. In dieser Phase kommt es darauf an, offen für die Entwicklung zu sein: Das vorhandene Symbol kann sich verändern oder neue Symbolisierungen können auftauchen.

Um nicht den Bezug zum Thema zu verlieren und in freies Tagträumen abzugleiten, ist es in dieser Phase oft wichtig, Symbolisierungen immer wieder mit dem Gesamtgefühl zu vergleichen, hin und her zu gehen und die Stimmigkeit zu prüfen.

Meist treten in dieser Phase auch Modalitätenwechsel auf, d. h. ein Wechsel von einem Bereich des inneren Erlebens zum andern. Zur Orientierung ist dabei ein Modell nützlich, das vier Kanäle des inneren Erlebens unterscheidet:

- Worte, Sätze

- Bilder, Vorstellungen, Phantasien

- Körperempfindungen

- Gefühle

Nach diesem Modell sind immer alle vier Kanäle vorhanden und zugänglich, wenn auch verschieden stark involviert und nur teilweise bewusst. Kommt das innere Erleben auf einem Kanal ins Stocken, kann man, wenn es nicht spontan geschieht, bewusst auf einen anderen Kanal überwechseln, etwa durch eine Frage wie „Welches Gefühl gehört oder passt zu diesem Bild?".

Veränderung

Der beschriebene innere Prozess mündet früher oder später in das Auftauchen einer Symbolisierung, die eine deutliche Veränderung bringt, eine Lösung, einen Aha-Effekt. Die Person spürt in diesem Moment eine körperliche Erleichterung, verbunden mit einem Gedanken wie „Ja, das ist es", „Ja, stimmt genau", „Natürlich!", und weiß, dass sie einen Schritt vorangekommen ist. Gendlin nennt diesen Schritt „felt shift" (etwa: gespürter Veränderungsschub).

Mit dieser Veränderung, die ein körperlich bestätigtes Erkennen, Verstehen, Begreifen bedeutet, ist das Ziel des Focusing-Prozesses erreicht. Das sollte die Person einige Zeit auf sich wirken lassen. Manchmal kommt dann eine ganze Flut von Gedanken dazu, manchmal ist die Veränderung aber auch sehr sacht und kaum spürbar.

Oft ist es sinnvoll, die Symbolisierung, die die Veränderung bewirkt hatte, zum Ausgangspunkt einer weiteren „Runde" zu machen, die dann gleich mit diesem Thema beginnen kann.
Trat zum Beispiel der Shift zusammen mit dem Satz „Ich fühle mich hilflos" ein, so kann die nächste Runde mit einer imaginativen Vergegenwärtigung der Hilflosigkeit beginnen und mit der Frage „Wie fühlt sich diese ganze Hilflosigkeit an?" oder „Was ist das Schlimmste daran?", und dann schrittweise weiter.
Bis zur Lösung eines Problems können mehrere solche Runden nötig sein.

Zu den wesentlichen Grundprinzipien des Focusing gehört, nach der imaginativen Vergegenwärtigung des Themas eine ruhige, eher abwartende Haltung einzunehmen und den inneren Prozess beobachtend geschehen zu lassen, bis er in eine spürbare Veränderung einmündet.

Die Fragen beim Focusing sind offene Fragen. Sie werden gewissermaßen dem Gesamtgefühl gestellt, dem Körper, dem Unbewussten. Sie verlangen einen Verzicht auf die aus vielen (Selbst-)Gesprächen vertrauten Antworten, Erklärungen oder (Selbst-)Vorwürfe und eröffnen ein ruhiges Warten auf neue Antworten, die aus dem Inneren kommen.

Weitere Grundprinzipien sind, immer den Bezug zum Thema aufrechtzuerhalten und beim Thema und den verschiedenen Symbolisierungen auf den richtigen Abstand zu achten. Sie sollen für die innere Wahrnehmung nahe genug sein, um wirklich erlebt zu werden, aber auch weit genug weg, um das Ganze zu erleben und das jeweils Wesentliche, den Kern der Sache zu erkennen.

In diesem Zusammenhang ist besonders zu beachten, dass Focusing sowohl das bloße Denken, Analysieren und Rationalisieren, d. h. das Sich-Distanzieren vom Problem, als auch das bloße Fühlen von Emotionen, das „Hineingehen" in die Emotionen, das Sich-Überschwemmen-Lassen, d. h. das Sich-Identifizieren mit dem Problem, vermeidet. Emotionen, Gefühlsinhalte (z. B. Scham, Schuldgefühle) sind nur Aspekte des Gesamtgefühls. Man könnte auch sagen, sie sind vorschnelle Antworten, und es ist nötig, sie eine Zeit lang beiseite zu lassen, um das zu spüren, was sich in der Emotion ausdrückt: das Gesamtgefühl. So kommt man ihrer Bedeutung auf die Spur, findet die richtige Antwort.
Focusing geht als weder weg von den Gefühlen noch lässt es sich von ihnen aufwühlen. Es geht gewissermaßen durch die Gefühle hindurch ins Zentrum, ins „Auge des Wirbelsturms".

Zum Schluss dieser Darstellung noch einige praktische Hinweise fürs Begleiten des Focusing.

Am Anfang ist darauf zu achten, einen vertrauensvollen Kontakt zur focusierenden Person herzustellen und erst einmal Entspannung und Ruhe entstehen zu lassen.

Während des Focusing-Prozesses kommt es wesentlich darauf an, wenn nötig an die Prinzipien des richtigen Abstands und des Geschehenlassens zu erinnern sowie bei einer anhaltenden Stockung des inneren Prozesses weiterführende Fragen anzubieten oder einen Modalitätenwechsel anzuleiten.

Wichtig ist dabei, als Begleitperson auf den Prozess orientiert zu bleiben, die Entwicklung der Inhalte ganz der focusierenden Person zu überlassen. Das kann so weit gehen, dass die Inhalte ganz „geheim" bleiben, die Begleitperson nur strukturierende Hilfen gibt. Bezieht sie sich auf ausgesprochene spezielle Inhalte, sollte sie wörtlich die Formulierungen der focusierenden Person aufgreifen. So kann diese am besten in ihrem Prozess bleiben.

Aufgabe der begleitenden Person ist es auch, die Mimik und Gestik und die gesamte Physiologie der focusierenden Person zu beobachten und auf alle Fälle jeden Shift wahrzunehmen, um dazu einladen zu können, den erreichten inneren Fortschritt ausreichend zu würdigen und sich Zeit zu lassen.

Dieser Text ist eine überarbeitete Fassung des entsprechenden Kapitels meines Lehrbriefs zum Schwerpunkt „Entspannung" im Rahmen der Ausbildung „Gesundheitspädagogik" der Sebastian-Kneipp-Akademie.

Das Leben in die Hand nehmen

Aufforderung zu einer besonnenen und aktiven Lebensgestaltung

Und jedem Anfang wohnt ein Zauber inne,
der uns beschützt, und der uns hilft zu leben.

Hermann Hesse

Für manche Menschen, in manchen Lebensphasen heißt es bei einem an-
stehenden Neuanfang sich entgegen dem gesellschaftlichen Trend gerade
nicht in einen Strudel von Aktivitäten zu stürzen oder eine Maske stän-
diger Fröhlichkeit und eines zwanghaften Optimismus aufzusetzen, sondern sich auf das Wesentliche zu besinnen, den „roten Faden" im Leben
wiederzufinden und die Richtung neu zu bestimmen.

Die Formulierung „sein Leben in die Hand nehmen" zeigt in prägnanter
Weise die beiden Handlungsrichtungen, auf die es dann gleichermaßen
ankommt:
Einerseits gilt es, sein Leben einmal – wie ein noch nicht vollendetes
Kunstwerk – gleichsam in die Hand zu nehmen, um es ruhig und ehrlich
zu betrachten, mit einem gewissen Abstand, der klarer sehen und verstehen lässt.
Andererseits erklingt die Aufforderung, die Zügel (wieder) in die Hand
zu nehmen und entschieden zu lenken, aktiv erste notwendige Schritte
zu tun, ängstlich-mutig, in dem Bewusstsein, für das eigene Leben auch
selbst verantwortlich zu sein.

Um gleich einmal praktisch zu werden mit dem Anschauen Ihres Lebens,
beginnen Sie am besten mitten in Ihrer Gegenwart mit der Robinson-
Bilanz.
Erinnern Sie sich an Robinson Crusoe? Auch wenn seine Lebensbedin-
gungen als Schiffbrüchiger sehr viel schlechter waren, seine Vorräte viel
bescheidener – bilanzieren Sie einmal Ihre gegenwärtige Lebenssituation
genauso grundlegend, wie er das tat, in einer Phase der Besinnung und
entschlossen zu leben.

Und es geht dabei natürlich nicht nur ums äußerlich Materielle wie Geld und Besitz, sondern auch um „Vorräte" im Sozialen wie Partnerschaft, Freunde, Kollegen, Bekannte und auch um Ihre gesamten persönlichen Fähigkeiten und Stärken.

Eine gute Übung, um sich die eigene Vergangenheit anzuschauen, ist die Perlenkette der Erinnerungen.
Den Anfang dazu machen Sie, indem Sie sich (ganz spontan) das schönste Erlebnis Ihres bisherigen Lebens in Erinnerung rufen und vergegenwärtigen. Das ist dann gleichsam die erste, größte Perle, und andere Perlen der Erinnerung folgen, Glanzlichter Ihres Lebens. Manche könnten anderen belanglos erscheinen, aber Sie wissen um die besondere Bedeutung dieser Momente, dieser Sternstunden für Ihr Leben und Ihre Persönlichkeit.
Versammeln Sie nicht zu viele davon, vielleicht fünf bis zehn, denn es ist außerordentlich wichtig, dass Sie jede einzelne Perle jederzeit klar und eindeutig einer Erinnerungssituation zuordnen können. Sie bekommt dadurch auch gleichsam einen Namen (so ist das ja auch bei wertvollsten Edelsteinen üblich), und so hat Ihre Perlenkette dauerhaft Bestand, liegt immer in Ihrem Inneren bereit.

In die Zukunft kann niemand schauen, und doch geht es beim Thema Lebensgestaltung natürlich ganz wesentlich um die Zukunft, um geplante Veränderungen (neben den Überraschungen, die geschehen mögen), um Ziele (neben den Wünschen, die schon auch erlaubt sind) und um elementare Hoffnung und Lebenszuversicht.
Eine interessante praktische Übung dazu ist das Wiedertreffen nach fünf Jahren.
Stellen Sie sich vor, es sind fünf Jahre vergangen, und Sie treffen jemand wieder, den Sie die ganze Zeit nicht gesehen hatten, und erzählen dieser Person nun, wie Ihr Leben jetzt (setzen Sie das Datum ein – fünf Jahre voraus!) aussieht, was Sie die letzten Jahre gemacht haben, welche Veränderungen zu verzeichnen sind und was gleichgeblieben ist wie damals (setzen Sie Jahreszeit und Jahreszahl ein – von heute!).
Versetzen Sie sich bei der Durchführung in Ihrer Phantasie wirklich ganz in die Zukunft (ohne „wenn" und „vielleicht"). Gehen Sie davon aus, beim Rückblick auf die fünf Jahre ein richtig gutes Gefühl zu haben und

erfinden Sie unbedingt auch eine völlig überraschende, erfreuliche Sache in Ihre künftige Vergangenheit hinein!

Um auf dem Weg der aktiven Lebensgestaltung den Faden nicht zu verlieren, empfehle ich Ihnen eine regelmäßige

Wochen-Abschluß-Meditation.
Nehmen Sie sich dazu jeweils eine halbe Stunde Zeit, in der Sie ungestört sind. Setzen Sie sich aufrecht, aber bequem hin, möglichst mit geschlossenen Augen.
Gehen Sie dann die vergangene Woche erst einmal gedanklich durch, in aller Ruhe.
Dann stellen Sie sich innerlich die Frage: „Wo stehe ich?" (auf meinem Weg, im Leben).
Und nun warten Sie ganz offen ab, was kommt. Es könnte eine Art Traum-Bild sein, aber auch ein Gefühl, eine besondere Körperempfindung, ein Wort oder Satz. Nehmen Sie auf, was da kommt, lassen Sie sich viel Zeit. Wesentlich ist, dass Sie in dieser Phase nicht nachdenken, sondern einfach innerlich offen abwarten. Sollten Sie doch wieder ins Nachdenken geraten, dann stoppen Sie es innerlich ab und stellen Sie sich erneut die Frage „Wo stehe ich?".
Beenden Sie nach ca. 20 Minuten diese Meditation und schreiben Sie in einer Art Tagebuchblatt auf, was aufgetaucht ist. Wenn es sich um ein Bild handelt, können Sie es natürlich auch malen oder zeichnen.

Lassen Sie sich überraschen, wie deutlich Ihnen Ihre Entwicklung im Lauf der Wochen werden wird!

Es gibt natürlich noch mehr sinnvolle Übungen, um sich konkret und mit Schwung dem anzunähern, sein Leben in die Hand zu nehmen. Am anspruchsvollsten wäre vermutlich, den „Roman" seines Lebens schreiben zu beginnen, was eine tiefe und fruchtbare Auseinandersetzung mit der eigenen Biographie werden kann.

Zum Abschluss noch ein Wort zu Vergangenheit – Gegenwart – Zukunft:

Der Spruch der Vergangenheit ist immer ein Orakelspruch:
Nur als Baumeister der Zukunft,
als Wissende der Gegenwart werdet ihr ihn verstehn.

Friedrich Nietzsche

veröffentlicht im Kneipp-Journal 1/2003

Die Schatztruhe der Erinnerungen

Wenn Sie sicher sind, genügend Zeit und Ruhe für sich haben,
dann schauen Sie einmal in dieser besonderen Weise
in Ihre Vergangenheit:

Lassen Sie (ganz spontan) eines der schönsten Erlebnisse
Ihres bisherigen Lebens in der Erinnerung auftauchen
und innerlich wieder gegenwärtig sein.
Und verbinden Sie diese Erinnerung und dieses unendlich gute Gefühl
dann mit der Vorstellung eines Edelsteins, einer besonderen Perle,
eines wertvollen Schmuckstücks, wie auch immer.

Dies ist gleichsam ein erstes, besonders wertvolles Stück Ihres Schatzes,
und andere Schmuckstücke, Perlen der Erinnerung folgen,
Glanzlichter Ihres Lebens.
Lassen Sie sich für jedes einzelne viel Zeit,
für die Erinnerung und die Gefühle,
und für die symbolische Verkörperung in der Form eines Schmuckstücks.
Manche dieser Erinnerungen könnten anderen belanglos erscheinen,
aber Sie wissen um die besondere Bedeutung dieser Momente,
dieser Sternstunden Ihres Leben und Ihrer Persönlichkeit.

Versammeln Sie nach und nach vielleicht fünf oder sieben
dieser schönen Erinnerungen,
jedenfalls vorerst nicht zu viele, denn es ist außerordentlich wichtig,
dass Sie jedes Schmuckstück jederzeit klar und eindeutig
einer Erinnerung zuordnen können.
Sie bekommt dadurch auch gleichsam einen Namen
(so ist das ja auch bei wertvollsten Edelsteinen üblich),
und so hat dann Ihr Schatz dauerhaft Bestand,
liegt immer in Ihrem Inneren bereit,
in der Schatztruhe der Erinnerungen.

Verabschieden Sie sich dann für jetzt
mit und von dem Bild der Schatztruhe,
mit dem Wissen und Gefühl,
was da in Ihrem Inneren Wertvolles sicher ruht,
immer für Sie da.

*Diese Phantasie-Übung, die exemplarisch den Aufbau einer wertvollen Ressource
ermöglicht, sie zu Tage fördert und in wirkungsvolle Form bringt, ist in einer
früheren, weniger ausgefeilten und spärlicher ausformulierten Form auch schon
im Kontext des vorhergehenden Textes enthalten. Ich habe sie mehrfach in
der Klinik Wollmarshöhe im großen Kreis mit allen 40-60 Patientinnen bzw.
Patienten angeleitet, bevorzugt um eine Jahreswende herum, mit gutem Erfolg.*

Kraftvolle, zielorientierte Ruhe

Das gesundheitliche Potential des Bogenschießens

Allenthalben lässt sich beobachten, dass Bogenschießen im Kommen ist. Es spricht ja auch meistens positive Gefühle und Vorstellungen an, etwa durch Erinnerungen an den eigenen „Flitzebogen" in der Kindheit oder durch die Verbindung zu Indianern oder die Identifikation mit Helden wie Robin Hood oder auch Legolas oder Katniss. Auch hat viele in ganz anderer Weise das Buch von Eugen Herrigel „Zen in der Kunst des Bogenschießens" beeindruckt. Und auch als Sportart bei den Olympischen Spielen war Bogenschießen eindrucksvoll zu beobachten.

Es gibt auch immer mehr Gelegenheiten, das Bogenschießen einmal praktisch auszuprobieren, etwa bei einem Club-Urlaub oder im historisch-traditionellen Gewand bei einem der Mittelalter-Spektakel. Zu einer ganzen „Szene" hat sich das sogenannte instinktive Bogenschießen entwickelt mit Turnieren, die eine Jagd in freier Natur durch Tierfiguren als Ziele nachahmen.
Letztlich sind es aber bislang immer noch wenige, die Bogenschießen regelmäßig praktizieren.

Das mag damit zusammenhängen, wie unterschiedlich es aufgefasst und praktiziert wird.
Die Palette reicht vom Leistungssport mit technisch perfektionierten Geräten, die geradezu bizarr anmuten, bis zur fernöstlichen Meditation im fremdartigen Ritual des Zen-Bogenschießens und bis zum historisch-spielerischen Sonntagsvergnügen für Jung und Alt.

Natürlich gilt ganz allgemein, dass Sport gut, Meditation wertvoll und Spaß und Vergnügen wünschenswert sind. Was hat es aber nun speziell mit dem Bogenschießen auf sich, weshalb ist es in besonderer Weise empfehlenswert? Und was ist daran gesund?

Auf die Frage, was jemand sich speziell vom Bogenschießen verspricht, ist die häufigste Antwort: Konzentration. Und offensichtlich zeigt jedes Bild von einem Bogenschützen in Aktion, dass dies ein wesentlicher Aspekt ist. Dennoch lohnt es sich, hier einmal kritisch innezuhalten. Denn Konzentration wird oft verstanden als Körperbeherrschung, als Anstrengung, die allzu leicht auch krampfhaft werden kann. Und sie verbindet sich meist mit einer Fixierung auf Treffen und Erfolg, als ob es nur darauf ankäme. So könnte ein auf Konzentration angelegtes Bogenschießen einem Effektivitäts- und Erfolgsdenken entsprechen, das im Berufsleben zwar oft kaum zu vermeiden, aber dennoch auf Dauer ungesund ist.

Für ein gesundes Bogenschießen ist Ruhe ein viel besserer Begriff. Und die Besonderheit des Bogenschießens liegt darin, dass es die Ruhe mit dem Einsatz von Kraft und mit der Entschlossenheit, ein konkretes Ziel zu treffen, verbindet.
Kraftvolle, zielorientierte Ruhe – so stellt sich gesundes Bogenschießen dar.

Die meisten Anfänger im Bogenschießen haben eine enorme Freude daran, ihre Kraft so klar und deutlich zu spüren, wie sie dann im Davonschnellen des Pfeils auch anschaulich wird. Wer hier übertreibt und – in der Illusion, dadurch besser zu treffen – einen zu starken Bogen nimmt, der sich gerade noch mit äußerster Anstrengung spannen lässt, verliert nicht nur rasch alle Freude, sondern schadet auch seiner Gesundheit. Ein angemessener Bogen lässt einen die eigene Kraft gut spüren ohne anstrengend zu werden, er vermittelt bei harmonischem Bewegungsablauf ein angenehmes Körpergefühl.

Dabei gibt es dann noch einiges Interessante mehr zu entdecken, was mit Gesundheit und gutem Gefühl zu tun hat. So zeigt sich, dass der aufrechte seitliche Stand (die Linie der Schultern zeigt zum Ziel) die freieste Bewegung ermöglicht, dass beim Spannen der Sehne die Muskeln im Bereich der Schulterblätter die Hauptarbeit leisten (nicht etwa die Armmuskeln), was zu einem wohltuenden Öffnen des Brustkorbs führt. Besonders überraschend ist für viele die Empfehlung, beim Spannen des Bogens, also wenn die volle Kraft eingesetzt wird, auszuatmen, und sie sind erstaunt, wie viel Ruhe und Lockerheit sie auf diese Weise bewahren können. Spürbar wird auch, dass die Bewegung aus anatomischen Gründen am leichtesten auf Schulterebene auszuführen ist, weshalb es sich empfiehlt, unter dem Kinn zu „ankern" (d. h. bei vollem Auszug der Sehne dort mit der Hand anzukommen).

Einige dieser Aspekte, insbesondere das zuletzt genannte Ankern unter dem Kinn, sind am besten zu verwirklichen, wenn Sie die natürliche Art des Bogenschießens, das intuitive Bogenschießen, praktizieren. Dann brauchen Sie nämlich nicht zu zielen, weder über den Pfeil noch durch ein angebautes Visier wie die Sportschützen, sondern Sie orientieren sich (wie Sie es beim Werfen eines Speers oder Steins zwangsläufig tun würden) mit weitem, offenem Blick auf den Zielbereich und lassen dann den Pfeil losfliegen, wenn es Ihrem Gefühl, Ihrer Intuition entspricht. Und die entwickelt sich mit der Erfahrung (und jeder Pfeil ist eine Erfahrung!) rasch zu guter Treffsicherheit.

All dies ist natürlich eine Sache des praktischen Tuns und des lebendigen Erlebens, Worte können das nicht vermitteln. Aber sie sollten Anregungen geben, motivieren und eine Perspektive eröffnen.

Denn richtig ausgeübtes Bogenschießen hat einen hohen gesundheitlichen Wert und kann sogar heilsam sein, wie nicht nur meine inzwischen langjährigen Erfahrungen an einer psychosomatischen Klinik zeigen:

· Der aufrechte, sichere und doch ruhig-lockere Stand kräftigt die Rückenmuskeln und stabilisiert die Wirbelsäule. So bessern sich manche Rückenschmerzen.

· Der harmonisch-fließende Bewegungsablauf führt zu einem wohltuenden und guten Körpergefühl und behebt leichtere Koordinationsstörungen.

· Im Gleichklang mit der angenehm kraftvollen Bewegung stabilisiert sich ein sanfter, gleichmäßiger Atemrhythmus, hilfreich bei gelegentlichen Atemproblemen.

· Die Ruhe und das fast unmerkliche Loslassen und freie

Fliegen des Pfeils bewirken eine Entspannung, die als Beruhigung von Herz und Kreislauf spürbar werden kann.

Das gesundheitliche Potential des Bogenschießens liegt aber gar nicht so sehr in diesen Einzelwirkungen, es ist ja schließlich keine Krankengymnastik und kein Medikament.
Das Wichtigste ist: Gesundes Bogenschießen fördert die Entspannungsfähigkeit, hilft nach und nach Gelassenheit aufzubauen und stärkt durch Kraft und Können das Selbstbewusstsein. Es tut also ganz grundlegend gut und macht Freude. Sie werden es erleben!

Leicht überarbeitete Fassung der Erstveröffentlichung im Kneipp-Journal 4/2009

Therapeutisches Bogenschießen

Psychotherapie mit Pfeil und Bogen – ein neues Gebiet der Erfahrungstherapie

Vor gut fünfzehn Jahren wurde Bogenschießen in das Repertoire therapeutischer Möglichkeiten der Klinik Wollmarshöhe aufgenommen, in der ich als Psychotherapeut gearbeitet habe. Es war damals schon eine Besonderheit dieser psychosomatischen, ganzheitlich orientierten, multimodal mit Schwerpunkt Psychotherapie arbeitenden Klinik, erfahrungstherapeutischen Vorgehensweisen viel Raum zu geben durch einen Hochseilgarten. Später kamen auch noch die Einrichtungen eines Niederparcours dazu sowie Naturtherapie, etwa in Form von Medizinreisen oder „Ackertherapie".

So bestand eine konzeptionelle Offenheit auch für das Bogenschießen als sinnvolle Ergänzung, die noch andere Facetten der Persönlichkeit der Patienten ansprechen könnte.

Im Lauf der Jahre wurde das Konzept Therapeutischen Bogenschießens ständig an der Erfahrung erprobt und weiterentwickelt. Es hat sich bei den Patienten sehr bewährt: Von fast allen wird es als hilfreicher und wertvoller Teil der Therapie eingeschätzt, wie die Katamnese-Erhebungen der Klinik zeigen.

Konzept, Praxis und Erfahrung des Therapeutischen Bogenschießens habe ich inzwischen in einem Buch dargestellt (Karl-Heinz Schäfer, Therapeutisches Bogenschießen, 2. Aufl. 2018, Ernst Reinhardt Verlag). Dort finden sich ausführlichere Erklärungen und viele weitere praktische Beispiele zu den Inhalten dieses Textes.

Zum klinischen Setting

Die Patienten sind durchschnittlich sechs Wochen in der Klinik. Im Lauf der ersten beiden Wochen geschieht die Integration in die intensive, individuelle Therapie; sie umfasst Einzeltherapiestunden beim Bezugstherapeuten, Medikation (sofern notwendig), Physiotherapie sowie meist u. a. auch Gruppentherapie, Gestaltungs-, Musik- oder Tanztherapie, Entspannungstraining und die psychophysische Exposition auf dem Hochseilgarten.

In dieses Therapieprogramm wird bei ca. 50% der Patienten dann auch Therapeutisches Bogenschießen aufgenommen, meist in der zweiten Hälfte des Behandlungszeitraums.

Normalerweise wird das Therapeutische Bogenschießen mit einer Gruppe von drei Patienten durchgeführt, an vier Terminen à 120 Minuten, im Lauf von zwei Wochen. Die ersten beiden Termine sind meistens bestimmt vom grundlegenden Lernen des Bogenschießens, beim dritten und vierten Termin treten therapeutische Abläufe in den Vordergrund.

Das Therapeutische Bogenschießen findet stets im Freien statt, im Garten des Seminarzentrums Wollmarshöhe, das der Klinik angegliedert ist, oder im Waldgelände rings um die Klinik, bewusst nicht in einer Sporthalle, um der Erfahrungstherapie ein Stück Ursprünglichkeit zu bewahren.

Mehr als „Bogenschießen mit Patienten"

Fast alle Patienten kommen ohne relevante Vorkenntnisse zum Bogenschießen. Sie sind zwar gut motiviert, zumindest im Sinne von Lust, es auszuprobieren, aber sie müssen es doch erst einmal grundlegend lernen.

Obwohl das „umständlicher" ist als bei Vorgehensweisen wie Entspannungstraining, Qi Gong oder Hochseilgarten, wo nicht erst der Umgang mit bestimmtem Material gelernt werden muss, hat es doch auch eine gute Seite: Die Person entwickelt mit der Handhabung von Pfeil und Bogen ein neues, spezifisches, elementar „brauchbares" Können, was auf einer allgemein menschlichen Ebene, die gar nicht einmal klar bewusst zu sein braucht, eine grundlegende Bestärkung bedeutet: Es entsteht das Bewusstsein, unter natürlichen Bedingungen für sich sorgen, sich Nahrung beschaffen zu können, nicht verhungern zu müssen.

Das Bogenschießen trägt diese Bedeutung implizit in sich, gerade wenn es einfach ist. Es braucht kein Nachspielen von Steinzeit oder Mittelalter, es braucht kein fremdartiges Ritual östlicher Traditionen, es braucht schon gar nicht die technischen Hilfsmittel und den Perfektions- und Konkurrenzgedanken des Leistungssports. Es genügt, den Patienten in einfacher Form intuitives Bogenschießen beizubringen.

Doch ist „Bogenschießen mit Patienten" nicht auch schon „Therapeutisches Bogenschießen".
Natürlich ist Bogenschießen, vernünftig und mit Freude betrieben, an sich schon eine gute Sache, eine empfehlenswerte Erfahrung, auch gesund, aber als solches noch nicht als Therapie zu bezeichnen. Therapeutisch sind auch nicht irgendwelche Besonderheiten des Materials oder der vermittelten „Technik" des Bogenschießens.
Therapeutisch wird das Bogenschießen später, auf der Basis grundlegenden Könnens und mit Hilfe einer Person, die therapeutisches Denken und Handeln mit dem Bogenschießen verbinden kann.

Dennoch spielt die therapeutische Perspektive auch schon in dieser Phase des Lernens der Technik eine gewisse Rolle. Denn in der Art und Weise, wie ich als Bogentherapeut die Grundlagen vermittle, schaffe ich möglichst günstige Voraussetzungen für eine eventuelle spätere Therapie. Besonders achte ich dabei auf zwei Dinge:

· Ich gebe Raum für Selbsterfahrung

· Ich ermögliche wertvolle Anregungen zur Lebensgestaltung

Raum für Selbsterfahrung

Patienten bekommen Raum für ihre Gedanken und Gefühle in jeder Phase des Bogenschießens. Es soll deutlich werden, dass ich nicht nur an ihrer Leistung und ihren Lernfortschritten interessiert bin, sondern an ihrer Person insgesamt, gerade auch an dem, was in ihnen vor sich geht (das aber in respektvoller Haltung), und dass mir ihre Selbstständigkeit wichtig ist, ihre eigene Entwicklung, die ich begleiten und unterstützen möchte, nicht vorschreiben.

Schon im Vorgespräch haben die Patienten deshalb Gelegenheit, ihre eventuellen Vorerfahrungen, ihre Assoziationen, ihre Erwartungen und Befürchtungen zu äußern. Bereits das kann Modell sein für eine andere Einstellung: sich nicht blind in die Dinge hineinstürzen, sich nicht vollständig der Autorität eines Lehrers oder Chefs ausliefern, sondern bei sich sein, sich seiner selbst bewusst sein, seiner Voraussetzungen, seiner Wünsche und Bedürfnisse.

Um dieses Selbst-Bewusstsein zu fördern, dürfen Anfänger das Material zum Beispiel auch regelrecht „entdecken". Wenn sie den Kasten öffnen, in dem alles Notwendige zum Bogenschießen enthalten ist (Bogen, Pfeile, Köcher, Armschutz), werden sie nicht gleich sportlich instruiert, sondern haben Gelegenheit, sich spontan zu äußern, oder bekommen als erstes etwa folgende Fragen gestellt:

Wie wirkt das jetzt auf Sie? Was fällt Ihnen am meisten auf?

Da können dann sehr unterschiedliche, aufschlussreiche Assoziationen auftauchen, etwa „angsteinflößende Waffe" oder „verlockendes Musikinstrument".

Ein besonders interessanter Punkt von Selbsterfahrung ist im weiteren Verlauf des Kennenlernens und Sich-Ausrüstens mit dem Material der Bogen. Denn der Recurve-Bogen, so wie er im Kasten aufbewahrt ist, scheint Anfängern oft schon gebrauchsfertig zu sein, befindet sich doch die locker eingehängte Sehne scheinbar auf der richtigen Seite, der Person zugewandt. Zugleich wird jedoch beim entsprechenden Halten des Bogens an der Hand spürbar, dass dann mit dem so gut durchgeformten Griff etwas „nicht stimmt". So sagen es die Patienten selbst, wenn es ihnen auffällt, ohne jedoch die Dissonanz zwischen Gefühl und Verstand auflösen zu können. Die Klärung geschieht meist erst beim Aufspannen des Bogens (als kleines Ritual in der Gruppe durchgeführt) und wird zu einer schönen Überraschung: Das Körpergefühl – wie so oft rasch beiseitegeschoben – hatte schon ein richtiges Signal gegeben und kommt nun nach der notwendigen Handlung (des Aufspannens) in Einklang mit dem rationalen Denken. Das kann eine erhellende Erfahrung sein.

Das Bogenschießen in der Klinik, im therapeutischen Kontext, ist dezidiert von Anfang an prozessorientiert, nicht ergebnisorientiert. Die Therapeutin bzw. der Therapeut lässt durchgehend klar erkennen, dass hier kein sportliches Trainingslager stattfindet, dass es nicht nur auf Leistung und Erfolg ankommt, sondern der wesentliche Wert im Tun selbst liegt, in einem gesunden und angenehmen Bewegungsablauf, in einem stimmigen und freudvollen Gefühl. Diese Prozess-Orientierung wird immer wieder in den erklärenden Worten von therapeutischer Seite deutlich, aber auch in der Gestaltung der Situation (keine Scheibe mit Ringen, die das Ergebnis zählbar machen) und im Verhalten des Therapeuten (er schaut auf die Person, nicht auf die Scheibe).

Das Ergebnis (Wo landet der Pfeil, den ich fliegen lasse?) gehört allerdings durchaus mit dazu. Es ist jedoch nur ein kleiner Teil des Ganzen; so lässt sich ein guter Treffer bildhaft vergleichen mit dem „Sahnehäubchen auf dem Kaffee".

Und nach einem guten Ablauf wird meist auch das Ergebnis gut sein, ganz selbstverständlich, gerade wenn ich mich nicht aufs Treffen und Gewinnen versteife. Sich in gesunder Weise im Tun wohlfühlen und ein gutes Ergebnis erzielen, sind keine Gegensätze – diese Erfahrung kann das Bogenschießen eindrücklich vermitteln. Patienten sind oft überrascht und betroffen zu erleben, dass sie besser treffen, wenn sie nicht unbedingt das Treffen erzwingen wollen, wenn sie ganz auf den Prozess, das Geschehen orientiert sind, sich dabei gut fühlen und darauf vertrauen, dass auch das Ergebnis gut sein wird.

Damit kann Bogenschießen auch eine Übung in Achtsamkeit werden. Denn Absichtslosigkeit und Nichtbewerten sind wesentliche Aspekte von Achtsamkeit, eines auch im therapeutischen Bereich verbreiteten Konzepts, ursprünglich aus der Tradition buddhistischer Meditationspraxis. Unabhängig von diesem spirituellen Hintergrund lässt sich Achtsamkeit definieren als aufmerksames Wahrnehmen im Hier und Jetzt. Die reine sinnliche Wahrnehmung, ohne abschweifendes Denken, kann eine große innere Ruhe vermitteln, manchmal auch ein befreiendes Gefühl von Eins-Sein mit sich und der Welt.

Auf diesen möglichen Wert von Achtsamkeit soll das Bogenschießen aufmerksam machen, so dass er verstehbar, erlebbar und entwickelbar wird, falls die Person darauf anspricht. Es geht jedoch erst einmal nur um die Anregung dazu. Das Therapeutische Bogenschießen hat einen meditativen Aspekt, doch ist es kein rein meditatives Bogenschießen, kein vollkommen ritualisiertes Zen-Bogenschießen, keine religiöse Übung. Achtsamkeit scheint so einfach („nur wahrnehmen"), aber es ist doch für die meisten Menschen eine schwierige Übung. Und Bogenschießen eignet sich dafür besonders, da es als übersichtlicher, ruhiger, bald auch sicherer Bewegungsablauf nach kurzer Lernphase tatsächlich auch kein Denken mehr erfordert. So kann ich gut üben, mich im Tun von den überflüssigen Gedanken zu lösen, ganz im Wahrnehmen aufzugehen (was auch die oft unterentwickelte Körperwahrnehmung schult) und mich dabei insbesondere vom gewohnten ständigen Bewerten zu lösen.

Bogenschießen, wie ich es im therapeutischen Kontext vermittle, ist für viele Patienten auch die Gelegenheit, sich erstmals genauer und konkreter mit Intuition zu beschäftigen.
Intuition ist ein Gefühl, aus dem heraus ich mich entscheide und handle, eine Ahnung, was richtig sein wird, im Gegensatz zu rationalem Abwägen. Wobei „Gegensatz" nicht ganz richtig ist, denn die Intuition – richtig verstanden – bündelt alle Erfahrungen dieser Person zu diesem Punkt in einem umfassenden Gefühl, so sind auch frühere und mögliche gedankliche Erwägungen unbewusst mit enthalten.
Gute Intuition, das richtige Gefühl, entsteht durch Erfahrung. Das lässt sich am Bogenschießen geradezu modellhaft beobachten und konkret erleben.
Die Patienten sollen den Pfeil losfliegen lassen, wenn sie das Gefühl haben, er wird treffen. Manche können erst einmal gar nicht glauben, dass es überhaupt möglich ist zu treffen ohne gedanklich gesteuert, mechanisch zu zielen, d. h. ohne eine optische Linie über ein Visier (wie die Sport-schützen) oder über die Pfeilspitze herzustellen. Sie können kaum glauben, dass intuitives Schießen die natürliche Form des Bogenschießens ist, in allen Kulturen. Dabei kennen alle das Intuitive bereits, etwa vom Werfen eines Balls.
Wenn sie es dann probieren, sind sie oft erstaunt, wie gut sie auch ohne zu

zielen treffen, wie weit sie ihrem Gefühl vertrauen können.

Im Erleben ist es deutlich anders, wenn ich intuitiv meinem Körper vertraue, als wenn ich konzentriert zielend meinen Körper kontrolliere und beherrsche. Die übliche starre Orientierung am Sehen und Denken wandelt sich in ein sanftes Vertrauen zum Körper, zum Gefühl und zum ganzen, auch unbewussten Selbst – mit gutem Ergebnis.

Das Treffen wird nämlich dabei durch die intensive Verwertung der Erfahrung nach und nach immer besser. Indem ich den Pfeil mit dem Gefühl, er wird treffen, loslasse und dann beim längeren Nachhalten (Stehenbleiben in der Position des Loslassens) klar und eindeutig vor Augen habe, wo er wirklich gelandet ist, „eiche" ich immer wieder mein Körpergefühl, und die Intuition wird immer „treffender". Und: Jeder Pfeil ist eine Erfahrung. Ich selbst, mein Körper lernt aus einem Pfeil, der „schlecht" getroffen hat, genauso viel wie aus einem „guten". Das übliche Bewerten macht keinen Sinn, wenn es nicht um Wettbewerb, sondern um Entwicklung geht.

Der Vorgang des Bogenschießens ist also nicht schon beendet, wenn der Pfeil losgeflogen und ein bewertbares Ergebnis vorhanden ist, sondern erst, wenn im Nachhalten die Erfahrung innerlich verwertet wurde – sofern ich mich als Mensch verstehe, der nicht nur dauernd sich und andere bewertet, sondern der lernt und sich entwickelt.

Patienten machen ebenso die Erfahrung, dass Bogenschießen am besten mit Ruhe in der Bewegung funktioniert, ohne Hektik und ohne krampfhafte Anspannung und Verbissenheit. Als ruhig-harmonischer, fast ritueller Ablauf kann es sogar entspannend auf die ganze Person wirken, fast wie eine Entspannungsübung. Doch möchte ich Bogenschießen nicht als Entspannungsübung bezeichnen; selbst die auf den ersten Blick frappierende Übereinstimmung mit der Progressiven Relaxation nach Jacobson reduziert sich bei genauerem Betrachten auf die zentrale Gemeinsamkeit des Loslassens (als ein „Aufhören zu tun"), ansonsten ist die Orientierung wesentlich anders. Denn Bogenschießen ist nicht nur eine Übung zur Entspannung, sondern eine inhaltlich sinnvolle, relativ komplexe Handlung, mit Kraft und Ziel durchgeführt, mit erkennbarem Ergebnis. Die Ruhe ist nur ein Teil des Ganzen.

Das braucht man durchaus nicht als Nachteil zu betrachten: Für manche Menschen ist es optimal, bei einer sinnvollen Handlung, die das aufmerksame Dabeibleiben erleichtert, wenigstens eine gewisse Ruhe zu finden. Ein weiterer Aspekt kommt hinzu: Da ich etwas Sinnvolles tue, das Kraft erfordert und ein Ziel hat, und ruhig und locker in diesem Tun bin, und da das Ergebnis auf diese Weise sogar noch besser wird, kann das Bogenschießen mit dem Dreiklang „kraftvoll – zielorientiert – ruhig" zu einem wertvollen Modell fürs Leben werden.

Patientinnen und Patienten erhalten also schon beim Lernen des Bogenschießens wichtige Anregungen zu potentieller Veränderung ihrer Lebensgestaltung (durch Prozess-Orientierung, Achtsamkeit, Intuition, Ruhe im Tun). Gleichzeitig wird ein therapeutisch orientierter und geschulter Bogenlehrer auch schon eine modellhaft fördernde Kommunikation etablieren und eine (auch in späterer Therapie tragfähige) konstruktive persönliche Beziehung aufbauen. So hat das anfängliche „Bogenschießen mit Patienten" durchaus schon eine therapeutische Perspektive, die über das Streben nach sportlichem Erfolg bzw. nach Spaß und Vergnügen hinausweist.

Ein gewisses Maß an Erfolg und Vergnügen ist allerdings grundlegend: Würde jemand auch nach vielen Stunden Bemühung mit keinem Pfeil die Scheibe treffen oder das Bogenschießen nur als langweilig oder unangenehm empfinden, dann wäre auch kein weiteres therapeutisches Arbeiten möglich.

Übergang zum „Therapeutischen Bogenschießen"

Man sollte jedoch von „Therapeutischem Bogenschießen" erst sprechen, wenn das Potential eines ausreichend erfolgreichen und erfreulichen Bogenschießens auch wirklich in eine therapeutische Entwicklung einfließt, also eine besondere persönliche Bedeutung für den Patienten bzw. die Patientin gewinnt und zur Lösung seiner psychischen Probleme beiträgt. Therapeutisches Bogenschießen hat dezidiert nicht mehr das Bogenschießen im Blick, sondern den Menschen. Ziel ist nicht mehr Aufbau und Steigerung des „sportlichen" Könnens oder die Erhöhung des Spaßlevels oder die vielseitige Anregung zu möglichen neuen Einstellungen, sondern gezielter therapeutischer Fortschritt und eine entsprechende Entwicklung der Persönlichkeit.

Therapeutisches Bogenschießen auf der Ressource-Ebene

Sobald eine der Anregungen, die im Bogenschießen liegen, in der Person auf fruchtbaren Boden fällt und im Zusammenhang der Persönlichkeit, des Lebens und der Probleme zur Ressource wird, befinden wir uns im therapeutischen Bereich.

So kann für Patienten der Schlüssel zu einer Ressource im Spüren der eigenen Kraft liegen, die beim Bogenschießen so eindeutig und positiv zu erleben ist. Es entsteht in der Person (wieder) ein Gefühl von Stärke, eventuell auch von Können, von Selbstwirksamkeit und Selbstbewusstsein.

Wenn jemand Bogenschießen als diese Art Ressource für sich entdeckt, hat das oft auch mit dem Finden einer konstruktiven Mitte zu tun: Ich bin nicht hilflos schwach, sondern habe Kraft, Energie, auch aggressive Impulse, und ich kann – darin liegt die Mitte – meine Kraft sinnvoll zum Ausdruck bringen und einsetzen, ohne blindwütig und gewalttätig zu werden. Damit kommt zur Geltung, dass der zentrale, durch Bogenschießen angesprochene emotionale Bereich die Aggression ist, und zwar im ursprünglichen Zusammenhang mit der Jagd eine sinnvolle, dem Leben zugewandte Aggression.

In diesem Punkt unterscheidet sich das Therapeutische Bogenschießen auch ganz wesentlich von der Erfahrungstherapie auf dem Hochseilgarten. Dort ist die zentrale Emotion die Angst.

Am häufigsten wird Bogenschießen zu einer Ressource für Ruhe. Es ist ja auch eine Sportart, die sich besonders durch ihre Ruhe auszeichnet, nicht durch äußerste körperliche Anstrengung, Schnelligkeit, Beweglichkeit, Zusammenspiel oder dramatische Aktion. Unter therapeutischem Blickwinkel ist dabei jedoch wichtig, Ruhe, die aus innerlicher Sicherheit entsteht, nicht zu verwechseln mit angespannter Konzentration, rigider

Körperbeherrschung und mechanischer Wiederholbarkeit. Wirkliche Ruhe hat auch etwas von Lockerheit, die sich insbesondere durch das Atmen (Ausatmen beim Spannen des Bogens) auch mit zielorientiertem, kraftvollem Tun verbinden lässt.

Bogenschießen als Quelle der Ruhe, ob sich das nun mehr auf das Ruhigwerden vor dem Tun oder das Ruhigbleiben im Tun bezieht, bekommt eine dauerhaft verlässliche Form, da es allemal ein sicheres und persönliches kleines Ritual wird.

Das kann sich zum Beispiel so darstellen:

1) sich auf das Ziel orientieren

2) gut und sicher stehen

3) ruhig und gleichmäßig atmen

4) in ruhiger, fließender Bewegung spannen

5) mit dem „Ankern" (der Sehne am Kinn) bei sich ankommen, ganz ruhig

6) loslassen mit Ja-Gefühl

7) das Ergebnis wahrnehmen und die Erfahrung innerlich aufnehmen

Ein solcher Ablauf ist auch ein gutes „Modell" für manches Tun im Leben.

Bogenschießen kann auch insofern eine Ressource werden, als es der körperlichen Gesundheit dient. Patienten berichten beispielsweise immer wieder, dass durch die gute, aufrechte Körperhaltung, die entsprechende Stärkung der Muskulatur und die verbesserte Körperwahrnehmung Rückenbeschwerden nachlassen. Auch bei chronischen Schmerzen, Atemproblemen und Bluthochdruck werden in der Klinik Besserungen beobachtet.

Doch sollten solche positiven Erfahrungen nicht so verstanden werden, als handele es sich beim Bogenschießen um ein spezifisches Heilmittel. Bogenschießen ersetzt keine spezielle physiotherapeutische Behandlung, kein notwendiges Medikament. Wenn es so sanft, ruhig und aufmerksam durchgeführt wird, wie es beim Therapeutischen Bogenschießen in der Klinik geschieht, weit weg von leistungssportlichen Anwandlungen, dann ist Bogenschießen ein „Basistherapeutikum", das praktisch jedem, der Freude daran findet, gesundheitlich gut tut.

Aufgabe des Therapeuten bei der Ressource-Arbeit ist es, die Ressource mit dem Patienten zusammen genau zu klären, möglichst noch zu stärken, übend zu stabilisieren und – ganz wichtig – den Transfer ins Alltagsleben zu unterstützen.

Denn um als Ressource wirksam zu sein, muss das Bogenschießen in dieser wertvollen, bedeutsamen Form vom Patienten weiter praktiziert werden.

Therapeutisches Bogenschießen auf der Problem-Lösungs-Ebene

Bogenschießen kann noch in ganz anderer Weise therapeutisch sein: als Medium von Psychotherapie.

Das heißt aber nicht, dass die Psychotherapie, z. B. eine Sequenz kognitiver Verhaltenstherapie, dann eben einmal auf dem Bogenplatz stattfindet. Es geht auch um keine äußerliche Kombination therapeutischer Verfahren mit Bogenschießen, etwa die Durchführung von Hakomi- oder Qi Gong-Übungen im Wechsel mit Bogenschießen. Um nicht missverstanden zu werden: Solche Kombinationen können durchaus einen praktischen Wert für Patienten haben. Aber es handelt sich dabei nicht um „Therapeutisches Bogenschießen". Davon kann nur die Rede sein, wenn das Bogenschießen selbst als praktisch-konkret erfahrbares Mittel der Therapie zum Einsatz kommt.

Wie aber können Pfeil und Bogen zum therapeutischen Medium, zum „Handwerkszeug" der Therapie werden, vergleichbar mit Pinsel und Farbe in der Maltherapie?

Bogenschießen ist ja ein vergleichsweise begrenzter Vorgang mit sachlich definiertem Ziel: Der Pfeil soll auch treffen. Es hat demnach nicht die grenzenlose kreative Freiheit wie das Malen, in der sich durch Farben und Formen Unbewusstes fast beliebig ausdrücken kann. Andererseits ist Bogenschießen in seiner Art näher am Alltagsleben, insbesondere dem beruflichen, und erinnert modellhaft an existentielle Notwendigkeiten: Man muss schon etwas zu essen heranschaffen.

Für manche Patienten ist diese tiefere Bedeutung übrigens sehr wichtig: Sie werden durch das Bogenschießen wieder daran erinnert, wie wesentlich Ziele im Leben sind, und sehen sich aufgefordert, wieder Ziele zu entwickeln und zu verfolgen.

Auch und gerade in dieser seiner Begrenztheit kann Bogenschießen also zum therapeutischen Medium werden.

Der „Königsweg" dazu ist die Metapher. In diesem Fall wird erkennbar, dass ein Teil des Bogenschießens eine Problematik der Person „spiegelt", und es zeigt sich dabei das Bogenschießen als konkretisierte Metapher des Problems.

Musterbeispiel dafür ist das „Loslassen". Loslassen ist ein unverzichtbares, wesentliches Element des Bogenschießens: Damit der Pfeil treffen kann, muss ich ihn fliegen lassen, d. h. die gespannte Sehne loslassen.

Wenn nun jemand diesen „technischen" Vorgang verstanden und gelernt hat und trotzdem immer wieder Schwierigkeiten mit dem Loslassen hat, verweist das auf die psychische Ebene.

Typischerweise wird eine Parallelität von Leben und Bogenschießen erkennbar: Die Person hat in ihrem Leben eine Schwierigkeit mit „Loslassen", und diese Metapher wird nun konkret an der Schwierigkeit beim Bogenschießen.

Das kann im Extremfall tatsächlich so weit gehen, dass die Person sich völlig verkrampft und Sehne und Pfeil überhaupt nicht loslassen kann. Die Metapher des „Loslassens" ist leibhaftig erfahrbar geworden, im Tun.

In der Parallelität liegt auch die Chance zur therapeutischen Entwicklung: Wenn es der Person gelingt, beim Bogenschießen loszulassen, wird sich diese Erfahrung auch aufs Leben übertragen.

Wenn die Patientin bzw. der Patient also einen solchen „metaphorischen Punkt" entdeckt und die Parallele zu ihrer Lebensproblematik erkannt hat, wenn die Parallele dann auch ausreichend gemeinsam erforscht und sinnvoll eingegrenzt wurde und sichergestellt ist, dass die Person zu einer Veränderung motiviert ist, dann geht es um die Veränderung beim Bogenschießen, und es stellt sich etwa die Frage:
Welche Gedanken oder Bilder helfen der Person, zu einer Lösung zu kommen?
Hier greifen Konzepte der kognitiven Verhaltenstherapie und imaginativer Psychotherapie, die allen, die bogentherapeutisch arbeiten, vertraut sein sollten.

So kann der Ansatzpunkt zur Veränderung etwa ein neues Verständnis von „Loslassen" sein als einem „Nichts-mehr-tun", wenn ein krampfhaft-bewusstes Wegziehen der Hand oder ein Mitgehen der Hand mit der Sehne den Flug des Pfeils gestört und gehindert haben. Loslassen heißt beim Bogenschießen, nur das Krümmen der Finger an der Sehne aufzuhören, dann kann die Sehne sich sanft lösen und den Pfeil auf die Reise gehen lassen. Das wird zu einer guten Erfahrung (der Pfeil fliegt wirklich besser), die Parallele zum Leben liegt auf der Hand.
Eine Patientin hat ihre innere Entwicklung noch weiter durch das Medium des Bogenschießens untermauert: Sie hat den inneren Entschluss „Ich – gebe dich – frei" verbunden mit den drei Schritten des Bogenschießens „Ankommen am Ankerpunkt – Innehalten zur Absicherung des Gefühls – Loslassen". Das war eine starke „Besiegelung" des erreichten therapeutischen Fortschritts.
Übrigens hat sich oft gezeigt, dass eine ganz besondere Stärke des Therapeutischen Bogenschießens in den möglichen Besiegelungs-Ritualen liegt.

Ein Beispiel für bildhaftes Arbeiten beim Thema „Loslassen" ist die Vorstellung einer Patientin, das Loslassen des Pfeils sei – statt einer anstrengenden Aktion – eher wie das vorsichtig-liebevolle Fliegenlassen eines kleinen Vogels, der in die Freiheit darf. Dieses Bild half ihr wirklich zu einer grundlegenden Veränderung, und es ist ein gutes Beispiel dafür, dass hilfreiche Bilder auf durchaus subjektive Art nicht nur die Technik des Bogenschießens, sondern auch die mitgemeinte Lebensproblematik erfassen.

Und dass es meist sinnvoll ist, den Patienten seine Bilder selbst finden und entwickeln zu lassen.

Ein weiterer „metaphorischer Punkt", der recht häufig zum Thema wird, ist der „feste Stand". Für einen guten Ablauf des Bogenschießens ist natürlich Voraussetzung, gut, sicher und ruhig zu stehen. Auch hier kann es sein, dass „technisch" alles klar ist, die Person auch keine einschlägige körperliche Einschränkung hat – und dennoch keinen guten Stand findet, sich unsicher und wackelig fühlt und auch erkennbar instabil ist. Auf der metaphorischen Ebene besteht die Parallele zum Leben dann oft in der Schwierigkeit, einen festen „Standpunkt" zu finden, einzunehmen und innerlich sicher zu vertreten, etwa in Konflikten und Beziehungen.
Auch bei diesem Thema lassen sich Veränderungsmöglichkeiten finden, mehr kognitiv (z. B. sich Zeit lassen und entspannen, bis das sichere Gefühl spürbar wird: So stehe ich richtig) oder mehr imaginativ (z. B. sich „erden", wie ein Baum), erst fürs Bogenschießen, dann auch für die Situationen im Alltagsleben.
Unglücklich wäre es übrigens bei dieser Problemlage und Metaphorik, die Person noch weiter dadurch zu verunsichern, dass sie sich auf eine Wackelscheibe stellen soll, wie es in der Rehabilitation zum Training des Gleichgewichtssinns und der entsprechenden Muskulatur üblich oder bei Eventveranstaltungen als sportliche oder unterhaltsame Herausforderung beliebt ist. So sind spontane eigene Ideen für therapeutische Interventionen immer auch kritisch zu hinterfragen.

Dennoch ist natürlich die kreative Phantasie auf therapeutischer Seite immer wieder gefragt und oft auch notwendig. Nicht immer eröffnet sich gleich der „Königsweg der Metapher". Doch auch wenn erst einmal nur ein Thema, eine Symptomatik oder Problematik benannt ist, können Pfeil und Bogen zum therapeutischen Medium werden. Das geschieht dann dadurch, dass einem Teil des Bogenschießens eine eher symbolische Bedeutung zugeschrieben wird. Und dabei spielt die Aktivität der Therapeutin bzw. des Therapeuten eine deutlich größere Rolle.

So kann beispielsweise ein Pfeil eine Botschaft „tragen", die die Person ausdrücken möchte.

Ein wichtiger Gedanke und Vorsatz (z. B. die Aufforderung: „Hör mir zu!") bekommt durch die Verbindung mit der (konstruktiv aggressiv getönten) Handlung des Bogenschießens sehr viel mehr „Durchschlagskraft" als ein rein mentaler Vorgang.

Auch dem Ziel kann in vielfältiger Weise eine Bedeutung zugeschrieben werden. Ein immer wieder eindrucksvolles Beispiel ist der „Illusions-Ballon". Wenn eine Person in ihrer inneren Entwicklung an den Punkt gekommen ist, sich von einer langgehegten Illusion verabschieden zu können, hat sie beim Therapeutischen Bogenschießen die Möglichkeit, „diese Illusion in einen Luftballon zu pusten" und dann den Ballon (und damit die Illusion) durch einen Pfeil zum Platzen zu bringen. Dieses sinnlich erlebte „Ende einer Illusion" ist fast immer eine tief bewegende Erfahrung, die einen wichtigen Entwicklungsschritt besiegelt.

Therapeutisches Bogenschießen ist Erfahrungstherapie

Bei den auf Problem-Lösung orientierten Vorgehensweisen des Therapeutischen Bogenschießens wird, wie man sieht, meist bildhaft gearbeitet, mit Metaphern, Symbolen oder bildhaft vorstellbaren Bedeutungen.
Im Unterschied zu imaginativen Vorgehensweisen sonst in der Psychotherapie ist es ein relativ begrenztes, punktuelles Vorgehen. Gute Abläufe bringen ein Thema auf den „Punkt", stellen eine „Weiche"; die Einbettung in eine umfassendere und längerdauernde Therapie ist sinnvoll.
Der wichtigste Unterschied indes ist das, was Therapeutisches Bogenschießen zu Erfahrungstherapie macht: Die psychische Entwicklung geschieht nicht nur im inneren Erleben von Imagination, Kognition und Emotion, sondern ist verknüpft mit konkretem, sinnvollem Handeln, mit handgreiflicher Erfahrung. Dadurch wird die Veränderung stärker in der Person und im Leben verankert.

An dieser Stelle soll auch noch ein Wort zur Unterscheidung von Erlebnis und Erfahrung gesagt werden.
So nahe sich die beiden Begriffe sind, gibt der Sprachgebrauch doch

Hinweise zum Bedeutungsunterschied. Typisch ist etwa, von einem „schönen" oder „tollen" Erlebnis zu sprechen, hingegen von einer „wichtigen" oder „tiefgreifenden" Erfahrung. Damit deutet sich an, dass ein Erlebnis etwas Außergewöhnliches und Bewegendes ist, Erfahrung etwas Bedeutungsvolles und Veränderndes. Ich verstehe Erlebnis als Oberbegriff: Auch Erfahrung muss etwas Bewegendes, also ein Erlebnis gewesen sein. Aber nicht jedes Erlebnis bewirkt auch eine Veränderung in der Person; oft genug bleibt es bei einer schönen Erinnerung.

Erfahrung ist also ein Erlebnis, das „einen Unterschied macht" (wie es im Therapiejargon heißt), das zur Veränderung bzw. Entwicklung der Person beiträgt. Und das ist es, was in der Therapie geschieht.

So gesehen gehören viele Erlebnisse zu einem erfüllten Leben, aber es kann im strikten Sinn keine Erlebnistherapie geben, sondern nur Erfahrungstherapie.

Beim Überblick über den gesamten Bereich des Therapeutischen Bogenschießens wird klar, dass es nur zum kleinsten Teil um den anatomisch-physiologischen Wert des Bogenschießens als sportlichen Bewegungsablauf geht.

Es geht vor allem um psychische und psychosomatische Zusammenhänge.

Zum einen entfaltet dabei das Bogenschießen als Ressource therapeutischen Wert.

Achtsames, intuitives Bogenschießen hat durch Kraft, Zielorientierung und Ruhe besondere Qualitäten, die zu persönlich wertvollen Ressourcen werden können.

Die markante Frage für diesen Bereich lautet: Was gibt das Bogenschießen der Person?

– z. B. Ruhe.

Doch darüber hinaus erweist sich Therapeutisches Bogenschießen als Möglichkeit zum Erkennen, Bearbeiten und Lösen von Problemen. Bogenschießen eröffnet ein Feld von Metaphern, von möglichen Bedeutungen, die konkret erfahrbar und individuell nutzbar sind zur Weiterentwicklung der Person.

Die markante Frage für diesen Bereich lautet: Was sagt das Bogenschießen der Person?
– z. B. dass sie Probleme mit „Loslassen" hat (und durch Therapeutisches Bogenschießen dann auch gleich die Möglichkeit bekommt, daran etwas zu ändern).

Ein solches Arbeiten auf der Problem-Lösungs-Ebene bedeutet innerhalb des Denkens und Handelns beim Therapeutischen Bogenschießen wahrhaft einen Paradigmen-Wechsel: Es geht nicht mehr um den inhaltlichen Wert des Bogenschießens an sich (der gleichsam an den Patienten „herangetragen" wird), sondern um Bogenschießen als therapeutisches „Handwerkszeug". Ich erinnere nochmals an die Parallele zur Maltherapie. Erst dieser Einsatz des Bogenschießens als „Medium der Therapie" ist „Psychotherapie mit Pfeil und Bogen", erst das ist in striktem Sinn Therapeutisches Bogenschießen.

Der Psychotherapeut verbindet dabei seine allgemeine fachliche Kompetenz mit den erfahrungstherapeutischen Möglichkeiten des Bogenschießens. So verstehe ich Therapeutisches Bogenschießen nicht als eigenständige, vollwertige Therapieform, sondern als besonders wertvollen Bestandteil einer umfassenderen Psychotherapie oder psychosomatischen Behandlung – eine Einbettung, die in der Klinik gewährleistet und auch im ambulanten Rahmen möglich ist.

Der Text wurde (mit geringfügigen Veränderungen) veröffentlicht im Sammelband: Kilian Mehl (Hrsg.), Erfahrungsorientierte Therapie, 2017, Springer Verlag.

Gedanken zur Intuition

Intuition ist im allgemeinen Sprachgebrauch das Wort für ein Einschätzen, Entscheiden oder Handeln „nach Gefühl" bzw. „ohne Nachdenken", und dieser Vorgang ist jedem Menschen bekannt und vertraut. Doch an der Intuition scheiden sich die Geister: Die einen lehnen sie heftig ab, betrachten sie als irreführend und rückständig, möchten sie durch mehr rationales Denken überflüssig machen -- die anderen verherrlichen sie als den einzigen und wahren Weg zu Glück und gutem Leben, jenseits der ‚Beschränktheit' des rationalen Denkens.

Durch einige grundlegende Gedanken und anhand von Beispielen möchte ich deutlich machen, was sinnvollerweise unter Intuition zu verstehen ist und in welcher Hinsicht sie wirklich wertvoll und nützlich sein kann.

Vorüberlegungen

Einigkeit besteht so weit, dass Intuition auf der Seite des Unbewussten eingeordnet wird in der typischen Gegenüberstellung von Bewusstsein und Unbewusstem, von Denken und Gefühl, Kopf oder Bauch.

Unbestreitbar sind Bewusstsein und rationales Denken entwicklungsgeschichtlich eine große Stärke des Menschen. Man denke nur an sprachliche Kommunikation und technische Errungenschaften. Doch unbewusste Vorgänge sind damit nicht aufgehoben, sie bilden immer noch die Basis menschlichen Lebens.

Wie sehr der Anteil des Unbewussten oft unterschätzt wird, kann man sich gut am Beispiel des Atmens klar machen: Ich kann mir meines Atems bewusst sein - aber wie viele Atemzüge eines Tages nehme ich tatsächlich bewusst wahr, wie viele mache ich absichtlich? Die meisten, ja fast alle (nicht nur im Schlaf) geschehen unbewusst, ohne Wissen und Wollen. Das Beispiel zeigt auch schon, dass das Unbewusste grundsätzlich nicht die negative Bedeutung verdient hat, die ihm von vielen zugeschrieben wird, als irrational, dumm oder böse. Das Atmen funktioniert unbewusst bestens, es ist nur selten erforderlich, dass wir bewusst atmen. Wenn wir jeden Atemzug bewusst willentlich durchführen müssten, wären wir heillos überfordert und praktisch nicht lebensfähig.

Doch es geht nicht nur um die jeweilige Menge des Unbewussten und Bewussten. Es geht auch um gegenseitige Beeinflussung, da die verschiedenen Bereiche im Menschen als ganzheitlichem Wesen immer gleichzeitig vorhanden und wirksam sind. Auch wenn sich solche Einflüsse im Einzelnen nicht so leicht nachweisen lassen, tut man doch gut daran, die Bedeutung des Bewusstseins und des rationalen Denkens nicht zu überschätzen. So geben einem z. B. Gefühle, die ja persönliche Bewertungen darstellen, wertvolle Orientierung im Leben.

Nach heutigem Verständnis ist Bewusst/Unbewusst kein Entweder/Oder, sondern ein Kontinuum: Beides ist immer mehr oder weniger beteiligt.

Intuition und ihre Abgrenzung

Beginnen wir mit einem Beispiel (nachzulesen etwa bei Daniel Kahneman, Schnelles Denken, langsames Denken, 2015, S.23) für sicher sinnvolle Verwendung des Begriffs Intuition. Es handelt sich um die Geschichte von einem Feuerwehreinsatz in einem brennenden Haus. Plötzlich hat der erfahrene Einsatzleiter, ohne einen für ihn selbst oder seine Leute ersichtlichen Grund, das Gefühl höchster Gefahr und gibt den Befehl, sich sofort schnellstens ins Freie zu retten. Kaum sind alle draußen, bricht das Haus im Feuer zusammen. Nachher ließ sich rekonstruieren, dass Geräusche und Temperatur irgendwie ungewöhnlich waren und dass es einen verborgenen, weiteren Brandherd gegeben hatte.
Das war Intuition. Die Person, der Einsatzleiter, hat intuitiv gehandelt, sie ist nicht einer Überlegung gefolgt, sondern einem Gefühl, einer Ahnung, die sich momentan nicht rational begründen ließ. Dennoch waren das Gefühl und die darauffolgende Handlung alles andere als unsinnig.

Einige andere Formen nicht-gedanklich-gesteuerter Entscheidungen/ Handlungen sollte man besser nicht als intuitiv bezeichnen, z. B. Automatismen wie das bereits erwähnte Atmen. Wir würden kaum sagen: Ich atme intuitiv. Es ist eher ein Geschehen, es ist ein selbstregulierender Vorgang. Wir würden ja auch nicht sagen: Ich reguliere meine Körpertemperatur intuitiv. Das macht der Körper, der Organismus selbst. Selbstregulierende, automatische Vorgänge sind mit dem Wort „intuitiv" nicht gemeint.

Das gilt genauso für instinktives Verhalten, z. B. schützend die Hand vors Gesicht heben, wenn ich angegriffen werde. Solche Instinkt-Reaktionen sind genetisch programmierte, biologische Muster, sie laufen automatisch ab.

Und auch reine Gefühlsreaktionen sind anders, z. B. die Angst bei einem Geräusch in der Dunkelheit oder Tränen der Rührung bei einem bewegenden Liebesfilm. Solche Gefühle kommen ganz unmittelbar, niemand würde auf die Idee kommen zu sagen „intuitiv bin ich (z. B.) wütend geworden". Es geht einfach nur um eine Gefühlsreaktion, das Wort „intuitiv" ist überflüssig.

Gleiches gilt für automatisierte Handlungen, die im Lauf des Lebens entstehen, z. B. das Drücken der Klinke einer Tür. Durch die häufige Wiederholung hat sich das Muster so eingeprägt, dass es völlig unbewusst abläuft, ich brauche nicht mehr darüber nachdenken, nichts entscheiden. Es ist auch kein Gefühl damit verbunden. So wäre es seltsam zu sagen: „Ich habe die Tür intuitiv geöffnet". Es war einfach ein unbewusster Automatismus.

Manchmal wird auch bei einem Wahrnehmungsfehler der Begriff „intuitiv" verwendet. Nehmen wir als Beispiel eine optische Täuschung wie die von Müller-Lyer, wo zwei gleich lange Linien durch verschiedene pfeilähnliche Enden unterschiedlich lang erscheinen. Jeder Mensch, der die beiden Linien betrachtet, sieht (wirklich, und ist dementsprechend überzeugt, glaubt, hat das Gefühl), dass die eine Linie kürzer ist als die andere. Erst ein Nachmessen zeigt, dass man der optischen Täuschung zum Opfer gefallen ist.

Nun aber zu sagen, ich hätte „das Gefühl gehabt", die eine Linie wäre kürzer, ich hätte sie „intuitiv" für kürzer gehalten, verzerrt das wirkliche Geschehen. Was da geschieht, ist ein (unvermeidlicher) Fehler menschlicher Wahrnehmung. Es ist unangemessen, diesen Fehler nun der „Intuition" zuzuschreiben, zumal auch Nachdenken und Wissen die optische Täuschung nicht aufheben. Der Begriff „intuitiv" sollte nicht mit „fehlerhaft" gleichgesetzt werden.

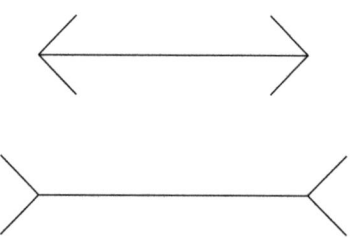

Müller-Lyer-Täuschung

Bei bestimmten Denkaufgaben kommen die meisten Menschen schnell zu einem falschen Ergebnis. Ein Beispiel (übernommen von Rolf Dobelli, Die Kunst des klugen Handelns, 2012, S.55) ist die Frage nach der Durchschnittsgeschwindigkeit, wenn jemand eine Strecke hin mit 100 km/h gefahren ist und zurück mit 50 km/h. Die meisten tippen gleich auf 75 km/h. Erst bei genauerer Überlegung wird ihnen klar, dass es etwas komplizierter ist: Angenommen die einfache Strecke war 100 km, dann ist die Person insgesamt 200 km in 3 Stunden gefahren – durchschnittlich also 66,6 km/h. Das ist ein klarer Fall von Denkfehler durch vorschnelles Urteil. In verfrühter gedanklicher Selbstsicherheit (nach dem Modell von Durchschnittsgewicht oder –länge) schien das Ergebnis, zur Freude der Person, gleich festzustehen. Die falsche Zahl kommt nicht aus dem Gefühl, das gute Gefühl begleitet nur die (unberechtigte) Selbstsicherheit – der Fehler liegt im Denken. Die Person hat nichts „intuitiv" gemacht, sondern gerechnet (100+50=150:2=75), aber falsch. Das Wort „intuitiv" soll nur wieder für den Fehler einstehen.
Etwas anders ist die Sache gelagert, wenn bei einer an sich zu lösenden

Aufgabe das notwendige Wissen fehlt (bzw. sich nicht beschaffen lässt). Ein Beispiel (von Gerd Gigerenzer, Bauchentscheidungen, 2008, S.15f.) ist die Frage: „Welche Stadt hat mehr Einwohner - Boston oder Milwaukee?" Im Normalfall hat nun niemand die exakten Informationen parat, dennoch entscheiden sich die meisten für Boston – und sie haben damit Recht. Was geht da vor sich? Da jegliches einschlägige Wissen oder sachlicher Hinweis fehlt, handelt es sich um einfaches Raten. Die Person muss sich irgendwie entscheiden, dabei folgt sie (meist unbewusst) irgendeiner Faustregel (auch „Heuristik" genannt), mit der sich Menschen solche Entscheidungen erleichtern, z. B. Wähle, was du kennst! Von Boston hat jeder schon mal gehört, also warum nicht das wählen? Und dann zeigt sich, dass (zumindest bei so einfachen Fragen wie nach der Größe der Stadt) solche Faustregeln tatsächlich öfter zum richtigen Ergebnis führen.

Aber ist es angemessen, zu sagen „Die Person hat intuitiv Boston gewählt"? Die Person überlässt sich bei einer gedanklichen Entscheidung, die mangels Wissen nicht wirklich zu treffen ist, der Führung (und oft genug auch Irreführung) einer allgemeinen Faustregel – im Grunde ist und bleibt das eine willkürliche Spontaneität, ein bloßes Raten, und die Person weiß das auch. Die Entscheidung basiert nicht, wie es im Wort „intuitiv" anklingt, auf einem richtigen eigenen Gefühl, auf einer gefühlsgetragenen Überzeugung, auf persönlicher, wirklicher Erfahrung.

Sinn und Bedeutung von Intuition

Welchen Platz hat nun die Intuition in dem großen Orchester all der nicht gedanklich gesteuerten, eher unbewussten und gefühlsmäßigen Vorgänge? Was genau ist unter „Intuition" zu verstehen, was ist ihre Besonderheit? Und worin liegt ihr Wert für uns Menschen?

Intuition ist ein rational nicht begründbares, aber auf Erfahrung basierendes Gefühl, das dem Menschen ein sinnvolles Einschätzen, Entscheiden und Handeln ohne Nachdenken ermöglicht.
„Intuitiv" hat man das Gefühl, wie etwas einzuschätzen ist, es ist einem völlig klar, was man gefühlsmäßig für richtig bzw. besser hält. Aber die

Quelle dieses Wissens ist unbewusst, es ist ‚nur‘ eine Ahnung, die Person kann nicht benennen, wie das Gefühl zu dieser Einschätzung gekommen ist.

Dennoch ist Intuition nicht völlig irrational, sondern sie basiert auf Erfahrungen, die in Gehirn und Körper gespeichert, dem Bewusstsein aber (derzeit) nicht zugänglich sind. Man spricht von „implizitem Wissen". Aufgrund dieser Erfahrungsbasis liegt die Intuition oft richtig.

Ein Gefühl, das auf keiner persönlichen Erfahrung basiert, ist keine Intuition.

Intuition bildet somit eine Schnittstelle zwischen Bewusstsein und Unbewusstem. Im Entscheidungsprozess der Person kommt es zu einer konstruktiven Verbindung der beiden Bereiche: Aus dem Unbewussten kommt das körperliche Signal („Gefühl") über richtig/falsch, ja/nein, gut/schlecht; der Hinweis des Unbewussten wird bewusst wahrgenommen und, wenn die Person ihm vertraut, bewusst in Handlung umgesetzt.
Mit „Intuition" ist also kein durchgehend unbewusstes Geschehen gemeint. Intuition ist komplexer und braucht eine Entscheidung.

Intuition ist eine bewusste Entscheidung.

Und Intuition ist ganzheitlich, dieses Gefühl für richtig/falsch ist eine besondere Art von „Gesamtgefühl" (ein Begriff aus dem Focusing), das alles, auch unbewusstes Wissen der Person integriert: bewusste Vorüberlegungen, bewusste und unbewusste Informationen, frühere Erfahrungen, Gefühle, Körperempfindungen.
Deshalb ist eine intuitive Entscheidung zwar nicht rational begründbar, aber im Grunde völlig „vernünftig": Im Unbewussten sind Verstand und Gefühl eine Verbindung eingegangen, darauf basiert die Intuition.

Intuition ist notwendig und kommt zwangsläufig zum Einsatz, wenn für eine erforderliche Einschätzung oder Entscheidung einfach zu wenig rational verarbeitbare Informationen zur Verfügung stehen, wenn es schnell gehen muss, die Zeit nicht für langes Überlegen reicht, oder wenn (wie etwa in sozialen Beziehungen) Gefühle eine wesentliche Rolle spielen. Doch ist Intuition nicht nur die fehlerbehaftete Notlösung für die Fälle, wo das rationale Abwägen nicht hinreicht. Sie hat unter bestimmten Bedingungen durchaus einen besonderen eigenen Wert, etwa auch aufgrund ihrer Schnelligkeit. Hätte der oben genannte Feuerwehrmann abgewartet, bis er kritische Signale bewusst erkennen und rational einordnen konnte, wäre es zu spät gewesen. Voraussetzung ist allerdings, dass richtig viel Erfahrung vorhanden ist und dass der Vorgang, bei dem die Intuition zum Einsatz kommt, überschaubar genug ist, um aufgrund persönlicher Erfahrung sinnvoll entschieden werden zu können. Dann ist Intuition oft erstaunlich zuverlässig und treffsicher und stellt das rationale Denken weit in den Schatten, etwa indem sie verschiedene Möglichkeiten besser ordnet und gewichtet. Das sollte aber nicht dazu verführen, sie als Quelle absoluter Wahrheit oder Ausfluss geradezu göttlicher Weisheit zu betrachten. So wunderbar sie manchmal erscheint, Intuition ist nichts Mystisches, Übersinnliches, sondern basiert auf persönlichen Erfahrungen, und sie ist keineswegs unfehlbar: Wahrlich nicht jeder gefährliche Feuerwehreinsatz ist so gut ausgegangen wie in unserem Beispiel.

Intuition versteht sich als eine der beiden grundlegenden Möglichkeiten des Menschen zur Orientierung in der Welt, speziell beim Entscheiden: Es ist der „Weg über das Gefühl", neben dem „Weg über das Denken". Es darf jedoch bei der Beschäftigung mit diesem Thema nicht nur darum gehen, welcher Entscheidungsweg (schön plakativ heißt es meist „Kopf oder Bauch?") der effektivere ist. Allein schon diese Fragestellung zeigt, wie stark die Seite des Denkens in messbaren Erfolgskategorien heutzutage dominiert. Deshalb möchte ich das Blickfeld erweitern und die Bedeutung der beiden Entscheidungswege vollständiger erfassen.

Das soll an einem kleinen Alltagsbeispiel deutlich werden: Wenn ich meinen Wasserkocher fülle, um eine Kanne Tee aufgießen zu können, entspricht einem gedanklich gesteuerten Vorgehen ein Füllen mit Blickkontrolle exakt bis zur entsprechenden Markierung auf der eingebauten Skala. „Intuitiv" ist die Vorgehensweise, wenn ich mich an meinem Körpergefühl orientiere: Sobald ich das Gefühl habe, jetzt ist es die richtige Menge Wasser (v.a. spürbar am Gewicht), schließe ich den Hahn. Es braucht natürlich ein paar Tage, bis mein Körpergefühl, meine „Intuition", entsprechend

„geeicht" ist. Dann aber kann ich mich darauf verlassen.

Beide Wege funktionieren - warum ist mir die intuitive Variante lieber? Das Achten auf die Skala vermittelt mir eher ein Gefühl von Leistungserfüllung (ich muss das jetzt richtig machen), auch von Abhängigkeit (die Markierung verblasst ja schon langsam!), und wenn die Kanne mal nicht richtig gefüllt war, habe ich versagt (wieder mal nicht richtig hingeschaut). Beim intuitiven Vorgehen erlebe ich jedes Mal die Freude (so banal der Anlass auch sein mag), dass ich mir, meinem Körper, meinem Gefühl vertrauen kann, und ich bin unabhängig, brauche kein Hilfsmittel für das, was ich da tue. Und wenn die Wassermenge doch mal nicht stimmt, betrachte ich das als Erfahrung und weitere gute Gelegenheit, meine Intuition zu eichen – es wird immer noch besser und sicherer werden!

Alles in allem ermöglicht mir die intuitive Variante, selbstbewusster und mehr im Einklang mit mir selbst zu sein.

Ein regelrechtes Lehrbeispiel für Verständnis und Wertschätzung der Intuition ist das Bogenschießen.

Dort gibt es – das Erlernen des Gesamtvorgangs vorausgesetzt – einen Punkt der Entscheidung, der der Gegenüberstellung von Denken und Intuition entspricht: das Loslassen des Pfeils. Die Person kann (wie z. B. die Sportschützen) zielen, d.h. eine festgelegte optische Linie (von einem angebauten Visier oder über die Pfeilspitze zum Ziel) herstellen, und wenn die Linie stimmt, loslassen. Oder die Person kann intuitiv schießen (wie es das Ursprüngliche, Natürliche ist), d.h. ganz beim Gefühl sein, den Blick vorne im Zielbereich (wie beim Werfen eines Balls), und wenn das Gefühl „sagt": Ja, der Pfeil wird treffen, dann loslassen. Die meisten Neulinge sind erstaunt, dass und wie gut man auf diese Weise treffen kann. Das hat allerdings mit Erfahrung zu tun – und jeder Pfeil ist eine Erfahrung!

Damit sind wir schon beim Wert der Intuition. Wer intuitiv schießt, ist wesentlich auf Erfahrung und persönliche Entwicklung orientiert. Der zielende Schütze bemüht sich um möglichst perfekte Erfüllung der äußeren Vorgabe, leistungsorientiert. In Bezug auf sich selbst und den Körper lernt der zielende Schütze seinen Körper immer stärker zu beherrschen, Gefühle möglichst auszuschalten. Der intuitive Bogenschütze dagegen lernt seinem Körper zu vertrauen, immer mehr im Einklang mit sich und seinem Gefühl zu sein – und dabei auch zu treffen.

So ist Intuition im passenden Zusammenhang nicht nur erfolgreich, sondern sie ist wesentlich für ein gutes Lebensgefühl und vollständiges Menschsein.

Dieser Text wurde, geringfügig verändert, auch im Kneipp-Journal 04/2019 veröffentlicht.